KB056500

강제동원&평화총서 – 감感 · 동動 6

1945년 국민의용대 제도

패배의 종착역에서

강제동원&평화총서 – 감感 · 동動 6

1945년
국민의용대 제도 패배의 종착역에서

초판 1쇄 발행 2017년 3월 31일

저　자 | 정혜경
발행인 | 윤관백
발행처 | 도서출판 선인

편　집 | 박애리
표　지 | 박애리
영　업 | 김현주

등　록 | 제5－77호(1998.11.4)
주　소 | 서울시 마포구 마포동 324－1 곶마루 B/D 1층
전　화 | 02)718－6252/6257　팩　스 | 02)718－6253
E-mail | sunin72@chol.com

정　가 14,000원
ISBN 979-11-6068-020-1 04900
ISBN 978-89-5933-636-4 (세트)

강제동원&평화총서 – 감感 · 동動 6

1945년 국민의용대 제도

패배의 종착역에서

정혜경 저

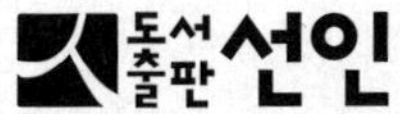

[감感동動 6 – 1945년 국민의용대 제도 –패배의 종착역에서]는

국무총리 소속 대일항쟁기강제동원피해조사 및 국외강제동원 희생자등 지원위원회가 2012년에 발간한 사진집『조각난 그날의 기억』, 97쪽에는 두 장의 이재증명서가 실려 있다. 히로시마제지소(廣島製砥所)가 발급한 원자폭탄피해자 입증 자료이다. 두 장 가운데 하나는 '8월 6일 공장의용대 소속 김자규태金子圭太(본명 김규태)가 출동했다가 부상을 입었다'는 내용이다. 조선청년 김규태가 원폭피해를 입게 된 배경은 의용대이다.

의용대!

의용대의 사전적 의미는 '국가나 사회의 위급 상황에서 자발적 참여로 조직되는 군대'이다. 조선시대와 구한말의 '의병'을 연상하게 하는 용어이다. 가장 긍정적인 의용대 이미지는, 영화 '암살'이나 '밀정'을 통해 한국 사회에 다시 관심을 불러일으킨 '조선의용대'가 될 것이다.

그러나 김규태가 부상을 입게 된 의용대는 일본이 패전에 임박해 급조한 국민의용대이다. 국민의용대는 아시아태평양전쟁 말기에 일본본토결전 과정에서 방공防空과 공습피해복구 등에 전 국민을 동원하기 위해 만든 국민조직이다. 1945년 3월 23일 일본 각의결정「국민의용대 조직에 관한 건」을 근거로 탄생했다. 아시아태평양전쟁기 일본 국가권력이 구축한 마지막 패배의 종착역이었다.

일본 본토에서는 공습 뒤 처리 등 보조적 군사 활동을 담당했고, 운영 기간도 5개월 남짓이었다. 조직은 만들었으나 실제 운용은 늦었고 '민의의 발동'은 도저히 이루어질 수 없었다. 식민지 조선에도 적용했으나 성격이 분명하지 않고, 조선 민중들과 무관한 '제도'였다. 일본에서나 조선에서나 '제도'로서 남은 '역사'다.

이 책에는 일본에서 창설 운영된 국민의용대 제도와 식민지 조선에 적용된 사례를 정리했다. 연구 활용을 위해 법령과 연표, 신문기사를 부록으로 실었다.

1945년 국민의용대 제도 패배의 종착역에서

▣ 국민의용대? 의용봉공대?

- 군대(Military Volunteer)? 자원봉사?

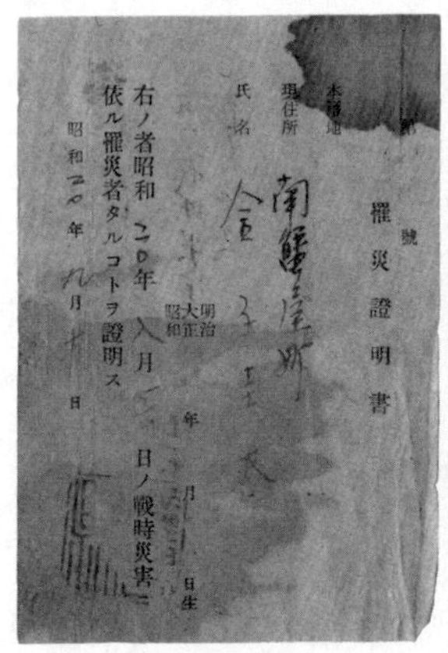

罹災證明書

本籍地

現住所

氏名

右ノ者昭和二〇年八月六日ノ戰時災害ニ依ル罹災者タルコトヲ證明ス

昭和二〇年九月 日

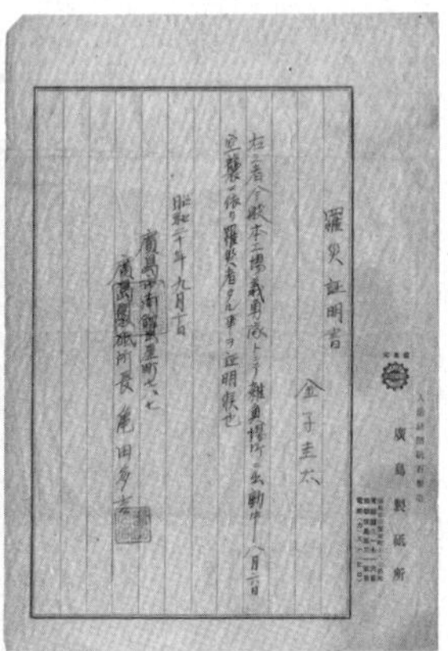

罹災証明書

金子圭太

廣島製紙所

두 장의 이재증명서

국무총리 소속 대일항쟁기강제동원피해조사 및 국외강제동원희생자등 지원위원회가 발간한 사진집 『조각난 그날의 기억』, 97쪽(2012년 발간) 수록 자료이다. 원자폭탄피해자임을 입증하는 자료로써 히로시마제지소(廣島製砥所)가 발급했다. 두 장 가운데 오른쪽 증명서에는 '8월 6일 공장의용대 소속 김자규태金子圭太(본명 김규태)가 출동했다가 부상을 입었다'는 내용이 수록되어 있다.

조선 청년 김규태가 원폭피해를 입게 된 배경에는 의용대가 있다.

국민의용대는 아시아태평양전쟁 말기에 일본본토결전 과정에서 방공防空과 공습피해복구 등에 전 국민을 동원하기 위해 만든 국민조직이다. 1945년 3월 23일 일본 각의결정「국민의용대 조직에 관한 건」(1945년 3월 23일 결정, 3월 24일 발표)을 근거로 탄생했다.[1)]

각의결정에서는 '국민의용대'라는 용어를 사용했으나 일본 사회에서는 '의용봉공대'도 함께 사용되었다. 1945년 3월 24일 아사히(朝日)신문 기사에 '의용봉공대義勇奉公隊'로 발표했는데, 이유는 각의결정 회의 자료에 '의용봉공대'라는 용어로 상정되었다가 '국민의용대'로 수정했기 때문일 것이다. 당시 일본 내무성 경보국 이사관을 지낸 다네무라 가즈오(種村一男 1902~1982)도 '의용봉공대 (가칭)'으로 기재했다.[2)] 일본 본토에서도 지역에 따라서는 '국민의용봉공대'라는 용어를 사용하기도 했다.[3)]

1) http://rnavi.ndl.go.jp/politics/entry/bib00615.php
2) http://www.jacar.go.jp/DAS/meta/image_A03010248900, 내선(內鮮)경찰로 알려진 다네무라 가즈오가 남긴 자료는 일본 국립공문서관 내무성 폴더에 '種村氏警察參考資料'라는 제목으로 보관되어 있고, 아시아역사자료센터에서 열람이 가능하다. http://www.jacar.go.jp/DAS/meta/image_A05020297700
3) 홋카이도 란코시쵸(蘭越町)에서는 1945년 6월에 '국민의용봉공대'라는 이름으로 의용대를 결성했다. http://www.town.rankoshi.hokkaido.jp/introduce/index21.html

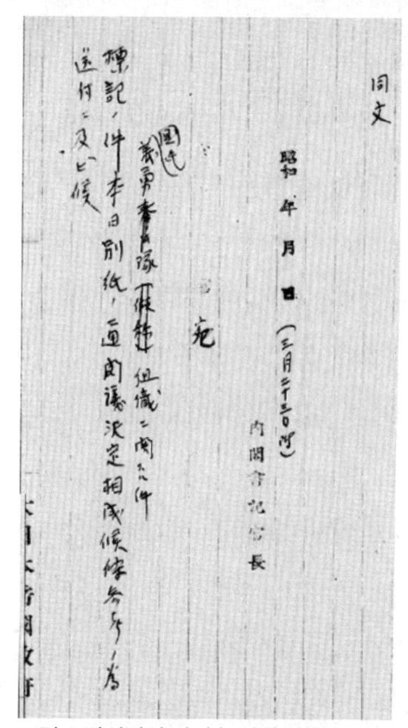

同文

昭和 年 月 日

内閣書記官長

宛

義勇奉公隊（仮称）組織ニ関スル件

標記ノ件本日別紙ノ通閣議決定相成候條参考ノ為

送付ニ及ヒ候

그림 3 각의결정 당시 논의된 자료[아시아역사자료센터 소장]

의용대의 사전적 의미는 '국가나 사회의 위급 상황에서 자발적 참여로 조직되는 군대'이다. 조선시대와 구한말의 '의병'을 연상하게 하는 용어이다. 가장 긍정적인 의용대 이미지는, 최근 영화 '암살'이나 '밀정'을 통해 한국 사회에 다시 관심을 불러일으킨 '조선의용대'가 될 것이다.

근대 전쟁에서 의용군과 의용대는 낯선 용어가 아니다. 제1차 세계대전과 제2차 세계대전 시기 유럽이나 미국에서도 의용대는 존재했다. 그러나 아시아태평양전쟁 말기 일본에서 탄생한 의용대는 민간이 자발적으로 '스스로 나서서 조직'해야 하는 의용대를 정부 차원에서 법과 제도를 마련해 활용하고자 한 사례였다. 물론 이런 방식도 아시아태평양전쟁 말기 일본이 유일했다고 보기는 어렵다. 일본과 동일하지는 않지만 제2차 세계대전 추축국이었던 독일과 이탈리아에서 의용대는 관제 성격에서 자유로울 수 없었고, 연합국측에서 첩보요원을 의용대로 포장한 사례도 있다. 대부분의 참전국에서 각종 동원과 공출이 '모집'과 '지원', '자원봉사', '협력'의 이름으로 수행되었던 전시였기 때문이다.

아시아태평양전쟁 시기 제국 일본 영역에서 의용봉공대라는 명칭은 만주국에서 먼저 사용했다. 만주국에서는 1937년 8월에 만주협화회 소속 산하단체의 하나로써 만주협화봉공대를 창설했는데, 이후 '협화의용봉공대'라고도 불렀다. 만주국은 1943년부터 국민근로봉공제를 실시해 현지주민들에게 1년 이내 근로봉사의 의무를 지도록 했다.

1942년 5월 27일, 만주국 국무원회의는 국민근로봉공제창설요강을 결정했고, 1942년 7월 2일자로 공표한 국민근로봉공자선정요강이 토대가 되어 1942년 11월 18일에 만주국민근로봉공법[만주국 칙령 제218호]이 공포되었다. 이 법에 따라 20~23세 남자를 징병대상자로 지정하고 근로봉사대에 반드시 참여해 3년 동안 12개월간 복무하도록 의무화했다. 1945년 3월에 법 개정을 통해 연령을 20~30세로, 복무기간을 12개월을 3년으로 연장했다. 또한 1942년 11월 18일에는 국민근로봉공대편성령[만주국 칙령 제219호]도 공포해 시행했다.

타이완(臺灣)에서도 유사한 명칭의 조직이 있었다. 타이완은

전 도민을 대상으로 1941년에 '황민봉공대'를 결성했는데, 일본 대정익찬회에 해당하는 단체였다. 타이완 도민은 물론이고 타이완에 거주하는 일본인도 황민봉공회에 가입해야 했다. 중앙본부는 타이완총독부에 설치하고 본부장은 총무장관이 겸임했으며 중앙본부 아래에 사무국, 운영위원회, 중앙실천협력회의, 지방사무국연락회의 등을 두었다. 지방조직으로는 주와 청廳에 지부를, 시군에 지회를, 가장街庄에 분회를 두고 부락회와 봉공반 등을 설치했으며 기존의 보갑保甲제도도 흡수했다. 산하단체로 대일본부인회 타이완지부, 타이완청소년단, 타이완산업봉공회, 봉공장년단 등을 두었다.

일본의 국민의용대는 지역 · 직장별로 구성되어 향토방위대 형식으로 운영되었다. 지역은 정내회町內會, 부락회를 단위 소대로 하는 시정촌국민의용대가, 직장에서는 관공서 · 공장 · 회사 등을 단위 소대로 하는 직역국민의용대가 구성되었다. 지역과 직장 두 가지를 포괄한 연합국민의용대도 있었다. 대상 연령은 국민학교 초등과 수료 이상의 남성 65세 이하, 여성 45세 이하로 했지만, 그 외 연령이라도 지원이라는 형태로 참여하도록 했다. 규정된 대상 연령은 큰 의미가 없었다. 국민의용대 조직 과정에서 대정익찬회 · 대일본익찬장년단 · 대일본부인회를 흡수 · 통합했다.

당초 국민의용대는 국민 조직화와 민간방위 목적으로 창설해 소화消火활동이나 식량증산, 소개疏開 작업 등 공사, 군수품 수송이나 진지구축 등 보조적 군사 활동을 담당했다. 주로 공습 후 처리에 동원되는 일이 많았으며 전투임무에 참가하는 것은 상정하지 않은 후방 국민조직으로 출발했다. 그러나 패전이 임박하자 6월에는 의용병역법(1945년 6월 22일 공포, 법률 제 39호)[4]에 의해 국민의용전투대를 편성하고 전투부대로 개편했다.

의용병역법 시행에 따라 제국신민은 현행 병역법 이외에 새로운 병역(의용병역)을 져야 하며 '천황폐하 친솔의 군대에 편입해 제국 군인으로서 영예와 책무'를 다해야 했다. 현행 병역법에 의한 현역과 소집중인 사람, 육해군 학생을 제외한 남성 15~60세, 여성 17~40세에 해당하는 전원이 의용병이라는 이름의 군인이 되었다. 이외에도 지원에 의한 의용병도 가능했다. 그러나 국민의용전투대는 직접 전투보다 보조적 역할을 맡도록 했다. 미군의 일본본토상륙 시기가 일본 군부의 예측과 달라지면서 시급한 것은 전투력보다 '전의앙양과 생산력 유지'였기 때문이다.

실제로 국민의용전투대가 편성된 사례는 철도의용전투대(1945년 7월 23일 발령, 8월 1일 편성 완료), 선박의용전투대(8월 1일 발령, 8월 5일 편성 완료), 선박구난전투대(8월 5일 발령) 등 3건이었다. 이 세 종류의 전투대를 포함해 몇몇 지역의 전투대를 제외하면 전투대의 용도는 생산 증강이었다. 더구나 미군과 일본 본토를 사수하는 전투는 일어나지 않았고 1945년 8월 15일 종전조사가 발표되었으므로 일본 본토에서 국민의용전투대를 직접 전투에 투입하는 일은 일어나지 않았다. 김규태의 사례와 같이 전재戰災를 입은 지역에 사후 처리를 위해 투입

4) 6월 23일자 관보 게재

한 경우를 볼 수 있다.

후방이었던 식민지 조선에서도 일본과 큰 차이는 보이지 않았다. 1945년 8월 3일 의용대에 처음이자 유일한 동원령이 내렸으나 각 역에 체화滯貨를 정리하는 역할이었고, 의용대에 관한 마지막 매일신보기사이자 일본 패전 직전인 8월 13일 기사에서도 훈련요강 발표나 간부 훈련 등으로 패전 직전까지 직역대 조직, 교육이나 사열査閱, 훈련요강 제정, 간부훈련 등 준비 과정에 있었다. 의용병역법에 의한 신청 절차는 8월 말에 시작될 예정이었다. 의용대원을 대상으로 하는 전투훈련은 단 한 번도 실시하지 않은 것으로 보인다. 경성일보 1945년 8월 9일자 기사에 재향군인회가 의용대 전투훈련을 준비하는 기사가 실렸으나 예정기사였다.[5)]

1945년 8월 8일 소련군이 대일참전을 선언하고 9일에 남사할린에 진공하자 국민의용전투대가 정규 육해군부대와 함께 8월 18일 정전명령이 내려질 때까지 실전에 참가한 적은 있다. 남사할린에서는 1945년 8월 1일 가라후토(樺太)철도연합의용전투대 편성을 시작으로 8월 13일에는 전 지구에 대해 의용소집과 의용전투대 편성 발령을 내려 제88사단 지휘 아래 편입한 후 경계와 진지구축, 피난유도 등을 했고, 남사할린 중서부 지역에 위치한 에스토르(惠須取)지청에서는 직접 전투 임무에 참가하기도 했다.

5) 매일신보, 1945년 8월 3일자 '각역에 체화정리, 의용대원에 첫 동원령'; 경성일보 1945년 8월 4일자 '국민의용병역 신청 이윽고 접수를 개시'; 8월 8일자 '의용대 사열, 덕수궁에서'; 8월 13일자 '의용대 간부훈련'

국민의용대는 일본 패전 후, 1945년 8월 21일 각의에서 국민의용대와 국민의용전투대 폐지가 결정되고, 일본이 항복문서에 조인한 9월 2일 해산했다. 의용병역법도 군사특별조치법폐지등에 관한 건(칙령 제604호)에 따라 1945년 10월 24일 폐지되었다.

국민의용대는 공습 뒤 처리 등 보조적 군사 활동을 담당했고, 운영 기간도 5개월 남짓이었고, 일본본토와 식민지 조선에서는 본토결전이 없었으므로 전투에 투입되지 않았다. 그러나 아시아태평양전쟁기 일본 국가권력이 구축한 마지막 후방 대응체제로서 존재한 '제도'였으므로 탄생 배경 및 운용 등 전체 과정을 살펴볼 필요가 있다.

일본 국민의용대제도에 관해서는 자료집(『국민의용대관계자료 – 15년전쟁극비자료집23』, 『자료 일본현대사13 – 태평양전쟁하의 국민생활』)이 발간되었고, 일본방위청 방위연구소가 발간한 『전사총서戰史叢書』에서도 창설 배경과 변천 내용을 알 수 있다.[6] 몇몇 지역의 적용 실태와 국민의용대제도의 개괄적인 내용을 담은 연구도 발표되었다.[7] 그러나 여전히 국민의용대제도의 전체상에 대해 규명된 것은 아니므로 지속적인 자료발굴과 사례

6) 北博昭編·解說, 『國民義勇隊關係資料 – 15年戰爭極秘資料集23』, 不二出版, 1986; 由井正臣他編, 『資料 日本現代史13 – 太平洋戰爭下の國民生活』, 大月書店, 1985

7) 국민의용대제도 개요에 대한 주요 연구 성과는 다음과 같다. 信夫清三郎, 『戰後日本政治史 1945~1952 1』勁草出版, 1965; 木坂順一郎, 「日本ファシズムと人民支配の特質」, 『歷史學研究』別冊特輯, 1970; 照沼康孝, 「國民義勇隊に關する一考察」, 『年報 日本現代史1 昭和期の軍部』, 山川出版社, 1979; 藤原彰, 『太平洋戰爭史論』, 青木書店, 1982; 松村貫之, 「國民義勇隊小論 – 敗戰と國民支配についての一斷章」, 『歷史學研究』721, 1999; 中山知華子, 「國民義勇隊と國民義勇戰鬪隊」, 『立命館平和研究』1, 2000

연구가 필요하다.

식민지 조선에서도 적용된 제도였고, 조선총독부 기관지인 매일신보(국한문)와 경성일보(일문) 등 당시 유일한 일간지에 총 250 건이 넘는 관련 기사도 볼 수 있다.[8] 그러나 식민지 조선에서 운영되었던 국민의용대제도에 관한 연구는 전혀 찾아볼 수 없다.

이 책에서는 일본에서 공개된 자료와 선행 연구, 신문기사에 기초해 일본에서 창설 운영된 국민의용대 제도와 식민지 조선에 적용된 사례를 살펴보고자 한다.

8) 부록 수록 '주요 신문기사목록' 참조. 경성일보는 1945년 5월분부터 검색

일본 국민의용대 제도
– 일본본토결전을 위한 마지막 국민조직

▣ 제국 일본, 패배를 향한 첫걸음 – 1941년 12월 7일, 태평양전쟁

1941년 12월 7일 아침, 일본군의 미국 하와이 진주만 공습은 태평양전쟁의 서막이자 일본 패전의 길로 가는 방향타이기도 했다. 진주만 공습이후 파죽지세로 괌 · 필리핀 · 라바울 · 뉴기니 · 자바 · 버마 · 말레이 등 동남아와 태평양의 남은 점령지를 차지한 일본에 대한 미국의 대응은 1942년 4월 19일, 미폭격기가 제국의 하늘에 출현하는 것으로 시작되었다. 미 두리틀 폭격대 B-25 16대는 최초로 일본 본토에 폭격을 퍼부었다. 도쿄 지구에는 소이탄과 5백 파운드 폭탄을 투하했고, 1대는 요코스카(横須賀) 군항을 폭격했다. 도쿄 인근의 군수공장지대인 가와사키(川崎) 지역도 공습을 피할 수 없었다. 비행기와 함선 제작에

필수적인 철강을 생산하는 니혼코칸(日本鋼管)이 있던 지역이었기 때문이다. 또 다른 1대는 나고야(名古屋)와 고베(神戸)에 소이탄을 투하했고, 욧카이치(四日市)시의 해군 제2연료창에 총격을 퍼붓고는 유유히 사라졌다.[9] 일본이 미국 진주만을 공격하고 환호성을 지른 후 불과 5개월 만에 일어난 일이었다. 그 후 일본 본토 공습은 소강상태를 보이다가 1944년 6월부터 다시 시작되었다.

그림 4 일본 도쿄대공습전재자료센터에 전시 중인 소이탄 모형. 세워 놓은 작은 폭탄들을 중간 폭탄과 큰 폭탄에 집어넣어 낙하할 때 분리하도록 한 방식이다. (수요역사연구회 제공)

1942년 공습으로 일본이 입은 피해는 그리 크지 않았다. 그

9) 防衛廳防衛研修所戰史室, 『(戰史叢書)北東方面海軍作戰』, (株)朝雲新聞社, 1969, 166~195쪽; 『라이프 제2차 세계대전 : 회오리치는 일장기』, ㈜한국일보타임-라이프, 1981, 106~117쪽 (심재욱, 「국무총리 소속 일제강점하 강제동원 피해진상규명위원회 조사3과 조사관 교육자료」 2008, 3월 27일자 재인용)

러나 일본 당국은 처음 체험한 소이탄의 위력에 공포를 느끼지 않을 수 없었다. 미국 하바드대 화학자인 루이스 피서(Louis F. Fieser)가 우연히 발명한 소이탄은 1942년 2월에 새로운 제조법을 완성한 신형 폭탄이었다.[10] 폭탄, 총포탄, 로켓탄, 수류탄 등 탄환류 속에 소이제燒夷劑를 넣었다 해서 소이탄이라 불렀다. 사용되는 소이제에 따라 황린黃燐 소이탄, 터마이트termite 소이탄, 유지油脂 소이탄으로 나눈다.

소이탄은 제2차 세계대전 중 필리핀 작전 시 미군이 처음 사용했고, 일본 본토 공습, 6.25전쟁과 베트남 전쟁에서도 널리 사용되었다. 일본에 떨어진 것은 대부분 기름을 넣은 유지 소이탄이었다. 소이탄의 크기는 여러 가지인데, 보통 150~400갤런 짜리 폭탄을 투하하면 2000℃의 고열을 내는 무시무시한 화력이었다. 철로나 아스팔트까지 녹아내릴 정도였다. 게다가 큰 폭탄이 상공에서 터지면서 그 안에 들어있는 작은 폭탄이 흩어지게 되어 기존의 폭탄보다 많은 피해를 입힐 수 있는 신형 폭탄이었다.

미국의 반격은 이제 시작이었다. 1942년 6월, 미드웨이 해전(Battle of Midway)을 계기로 미군은 태평양의 재해권을 장악하고 반격으로 나설 수 있는 발판을 마련했다. 6월 5일(미국 시간 6월 4일) 태평양의 전략 요충지인 미드웨이 섬을 공격하려던 일본 항모기동부대가 기습적으로 달려든 미국 항공기의 공격을 받아 궤멸된 이 전투에서 일본의 항공모함 4척이 격침되었다. 이

10) 스벤 린드크비스트 지음, 김남섭 옮김, 『폭격의 역사』, 한겨레신문사, 2003, 29쪽, 226쪽

후 일본 전쟁사에서 '승전보'는 찾을 수 없었다.

1942년 7월 11일 일본 대본영은 남태평양진공작전 중지를 결정했고, 1942년 9월 12일부터 시작된 과달카날 총공격이 실패한 후 동남아시아와 태평양전선에서 '전멸' '참패' '철퇴'가 이어졌으나 대본영 발표는 '전선을 옮기다(전전轉戰)'였다. 중일전쟁 이후 200만명 이상 일본군 병사들의 발을 묶어놓은 중국전선에서도 1939년 7월 노몬한 패퇴 이후 승전보는 없었다.

당초 7천5백만의 인구로 엄청난 인력과 물자, 자금이 필요한 세계대전을 치른다는 자체가 무리였다. 일본은 본토는 물론, 식민지와 점령지의 모든 인력과 물자 · 자금을 총동원했지만 역부족이었다. 1943년 2월 과달카날 해전 패전을 계기로 미국과 일본의 전력 격차는 급속하게 벌어졌다. 특히 일본은 중일전쟁 이후 전쟁 수행을 위해 통제경제체제로 이행하고 중화학공업화와 군수산업화를 급속히 진행했다. 그러나 이러한 조치의 결과는 1942년까지 였다. 1937년과 1942년을 비교하면, 섬유와 병기 생산(항공기와 군공창 등)은 두 배에 가까운 두드러진 성과를 보였다. 그러나 1943년에 들어서면서 상황은 달라졌다. 도조 히데키(東條英機)내각은 항공기와 선박 등을 5대 중점 산업으로 지정하고 한정된 자금과 자재, 노동력을 중점 투입해 군수생산 증강을 도모했다. 그러나 생산증강은 좀처럼 궤도에 오르지 않았다. 이 문제를 해결하고자 1943년 11월에는 군수성을 설치하고 기획원 · 상공성과 육해군의 항공본부를 통합 운영하기 시작했다. 또한 12월에는 군수회사법을 시행하고 민간 기업의 경영에 까지 개입할 수 있도록 했다. 그러나 성과는 여전히 미미했다. 군수산업 가운데에서도 특정한 분야에 자금과 자재, 노동력을 편중 투입한 결과 군수생산의 기반을 스스로 무너트리는 결과를 낳기도 했다. 항공기와 선박 생산에 필요한 부품 등 군수 생산에 필요한 각종 생산재 생산을 저해했기 때문이다.

또한 1941년 진주만 공격 이후 일본 정부의 예상을 뛰어넘는 선박 손실이 이어졌다. 일본군 수송선은 진주만 공격 이후 군 소속의 수송선을 잃고 대부분을 민간 상선을 징발해 군용으로 개조한 것이었다. 새로이 선박을 생산하지 않는다면 더 이상 징발할 민간 상선도 마땅치 않은 상황이었다. 그러나 기획원 예측과 달리 선박상실률은 급속도로 증가했다. 기획원의 견적에 의하면 선박의 연간 상실량을 80~100만톤 억제에 성공한다면 1941년도 물동계획수준의 물자를 확보할 수 있었다. 그러나 1942년도 선박 상실량은 100만톤을 넘었고, 1943년의 선박 상실량은 전년 대비 두 배가 넘었다. 선박 보유율 지수도 1941년 12월 기준으로 매년 하락해 1943년에는 77%, 1944년에는 40%에 이르렀다. 선박을 잃는다는 것은 물류의 어려움을 의미한다. 남방이라 불리던 동남아시아와 태평양 지역의 전략물자 수송에 의존하던 일본의 전쟁 경제는 '소리를 내면서' 무너지기 시작했다. 더구나 잠수함을 동원한 미군의 해상봉쇄로 남방과 일본 본토는 물론, 남방 지역 내부의 물류도 불가능하게 되었고, 이는 생활필수품 부족으로 이어졌다. 이 때문에 남방에서 사용하던 군표 대신 남방개발금고권(南方開發金庫券, The Southem

Development Bank Notes)을 남발해 중국과 남방 점령지에서는 심각한 악성 인플레이션까지 발생하게 되었다.[11)]

일본군은 중국 전선에서 전투도 하기 전에 굶어죽어 갔고, 남방에서도 '영양실조증, 열대성 말라리아, 설사 및 각기' 등에 의해 죽어갔다. 일본 학계는 아시아태평양전쟁 일본군 사망자 230만명 가운데 선박에 이한 식량 및 의약품 보급이 끊어진 상태에서 발생한 '넓은 의미의 아사자'를 반 이상 또는 70% 정도로 추정한다.[12)]

게다가 1944년부터 미군의 일본본토공습이 다시 시작되었다. 1944년 8월 티니안 점령 이후, 일본본토공습이 원활해졌기 때문이다. 1944년 8월 10일, 미군은 중부태평양 사이판과 티니안을 B-29와 B-24 기지로 사용하기 시작하면서 도쿄 앞 오가사와라(小笠原) 폭격을 개시했다. 또한 8월 20일에 중국에서 발진한 폭격기가 제철소가 있던 야하타(八幡)를 공습하는 등 1944년 하반기에는 중국과 태평양에서 발진한 미군 폭격기들이 제국일본의 하늘을 제 집처럼 드나들며 공습을 퍼부어댔다. 성능이 강화된 소이탄의 효능에 1944년 10월부터, 도쿄, 오사카(大阪), 고베(神戸) 등 일본의 주요 도시와 군수지대는 대규모 공습을 피할 길이 없었다.

패전 직후인 1945년 8월 23일 내무성 방공총본부가 발표한

11) 요시다유타카(吉田 裕) 지음, 최혜주 번역,『아시아태평양전쟁』, 어문학사, 2013, 109쪽, 111쪽, 179~180쪽

12) 요시다유타카(吉田 裕) 지음, 최혜주 번역,『일본의 군대』, 논형, 2005, 212쪽; 요시다유타카(吉田 裕) 지음, 최혜주 번역,『아시아태평양전쟁』, 109쪽

결과에 의하면, 100만명 이상의 사상자를 낸 도시가 전국 94개였고, 사망자가 26만명, 부상자가 42만명, 이재민이 920만명이었으며, 가옥 소실이 230만호였다.[13] 1945년 3월 9일 밤 부터 10일에 걸친 도쿄대공습으로 고토(江東)지구 일대가 초토화되면서 사망자는 10만명에 달했다. 일본의 시민단체인 도쿄조선인강제연행진상조사단은 10만명 가운데 조선인이 1만명 포함되어 있다고 파악했다.[14]

그림 5 도쿄대공습의 피해 지역이자 사망자 유해가 합골 · 안치된 도쿄도위령당(도쿄조선인강제연행진상조사단 제공)

13) 후지와라 아키라(藤原 彰)저, 서영식 번역, 『일본군사사』상, 제이앤씨, 2013, 336쪽

14) 李一滿, 「도쿄대공습과 조선인 희생자」, 『한일민족문제학회 2008년도 후기학술대회 – '대일 과거청산과 동아시아평화 인프라 구축 : 조선인강제동원희생자 유골문제와 해결방법' – 자료집』, 2008년 10월 17일자

그림 7 도쿄도위령당에 안치된 사망자 유해 중 조선인 추정 유골함(도쿄조선인강제연행진상조사단 제공)

도시에 대한 공습은 일본 군부는 물론이고 국민들에게도 위력적이었다. 국민들이 패전이 임박했음을 느끼는 효과가 있었다. 특히 도쿄시민 10만명의 목숨을 앗아간 도쿄대공습은 단순한 공포를 넘어선 절망을 안겨주었다. 미군의 대규모 공습은 그들이 생활하는 도시를 초토화했을 뿐만 아니라 무력한 일본군의 실체를 그대로 경험한 기회였기 때문이다. 가옥은 물론 아스팔트와 철로까지 녹이는 소이탄 공습 앞에 일본 군부는 무력했고, 민중은 패닉상태에 빠졌다.

내무성 경보국 보안과가 1945년 4월 6일 작성한 「내각 경질에 따른 인계서」에서 피재지 민중의 상황을 다음과 같이 기록했다.[15)]

> "특히 대규모 공습의 참화를 직접 체험한 피폭지대 주민 중에는 군 방공 및 요격 전투의 현저한 열세를 보는데 이르러 일찍부터 불안 동요하고 혹은 직장을 방기해 소개疏開에 광분했다. 혹은 '적대 편대 북상 중'이라는 라디오정보가 있으면 곧장 자전거와 리어카, 유모차 등에 신변 용품을 가득 싣고 교외로 일시적으로 도피한다. 혹은 또 '**일에는 대공습이 있다'는 유언(流言)에 떨면서 그날 밤, 속속 멀리 교외의 친척을 의지해 일시적으로 도피를 도모한다. 또 연안지방 주민에게도 소재 군인의 경솔한 언동 내지 기동부대 근접 등의 정보에 전전긍긍해 가재를 꾸려 산간부山間部에 도피하는 등 그 상황이 모두 갈피를 잡지 못한 감이 있다."

이러한 공포는 지방 중소도시에도 확산되어가고 있었다. 주목할 만한 것은 이 보고서가 군이나 정부의 지도자에 대한 불신감과 비판이 높아지고 있음을 감추지 않고 있다는 점이다. 이제 민중이 할 수 있는 일은 도시를 포기하고 시골로 피하는 일[소개疏開] 밖에 없었다. 그런데 이 상황에서 일본정부가 꺼내 든 마지막 대응 카드는 주민 대피가 아니라 국민의용대였다.

일본정부는 1938년 4월 국가총동원법 제정 공포를 시작으로

15) 요시다유타카(吉田 裕) 지음, 최혜주 번역,『아시아태평양전쟁』, 219쪽

국민징용령(1939년), 국민근로보국협력령(1941년), 노무조정령(1942년) 등 하위 법령을 제정해 본토와 식민지, 점령지의 인력을 동원했고, 국민정신총동원연맹 등 국민조직을 운영했다. 그러나 1945년 3월 6일, 국민징용령 등 인적동원 관련 5개 칙령을 폐지하고 통합한 국민근로동원령을 공포한 후 4월부터 식민지 조선인이 노무자와 군인·군무원의 이름으로 징발되어 바다를 건너는 일은 멈췄다. 남은 일은 일본 본토를 지키기 위한 결전이었다.

이미 일본 본토의 물자는 바닥이 났으며, 해상은 봉쇄되어 외지의 물자도 들여올 수 없었다. 전쟁경제는 완전히 무너졌다. 전쟁 말기에는 비행기나 함선을 제조할 철강이 부족해서 조선소에서 함선을 만들어야할 노무자들이 농사를 짓고 있을 정도였다. 일본 본토는 미군의 공습에 무방비 상태로 방치되어 더 이상 버틸 힘은 없었다. 그런데도 일본 국가권력은 연합국과 협상에서 '천황제를 지키기 위한 시간벌기용'으로 민중들에게 '1억 옥쇄'를 강요하며 무모한 버티기에 들어갔다.

▣ 1944년부터 패전까지, 일본정부는 무엇을 했을까

1944년 여름, 마리아나 해전(필리핀 해전)의 패배로, 일본의 '절대국방권'은 무너졌다. 절대국방권이란 1943년 9월 25일 일

본 대본영이 제정해, 9월 30일 일본 어전회의에서 결정된 「향후 채용될 전쟁 지도 대강(今後採ルヘキ戰爭指導ノ大綱)」에서 '제국 전쟁 수행을 위해 태평양과 인도양 방면에 이르는 절대 확보해야 할 필요가 있는 중요 지역으로 정한 권역'이다. 과달카날을 잃고 9월에 이탈리아가 항복하자 일본은 전쟁지도방침을 변경해야 했다. 그 과정에서 나온 것이 절대국방권이다. 어전회의에서 결정된 절대국방권은 '지시마[千島, 쿠릴열도를 의미]에서 오가사와라, 중서부 태평양 및 서부 뉴기니와 순다(Sunda)를 거쳐 버마까지 포함한 권역'이다. 어전회의는 절대국방권을 설정해 종래 확보요역을 축소해 시간을 벌면서 그 사이에 항공 병력을 중심으로 하는 전력 강화에 모든 힘을 쏟는다는 전략을 수립했다.

그러나 너무 늦은 방침 전환이었다. 시간을 벌기 위해 절대국방권을 설정했으나 절대국방권의 한 축인 서부 뉴기니아와 남양군도(중서부 태평양)에는 이미 미군의 창끝이 다가와 있었다. 방침 전환 이후에도 1943년 11월 마킨(Makin)과 타라와(Tarawa)에, 1944년 2월에는 콰절린(Kwajalein)과 로이나무르(Roi-Namur)에 미군이 상륙했고, 축(Truk)과 팔라우(Palau)는 미군 기동부대의 공격 앞에 저항 조차할 수 없는 절망적 상태였다.[16]

무너져가는 절대국방권에 결정적인 한 수는 마리아나해전 참패였다. 마리아나 해전 참패는 일본 패전을 최종적으로 결정한 전투였다. 1944년 3월경부터 일본 대본영은 미군의 다음 공세

16) 후지와라 아키라(藤原 彰)저, 서영식 번역, 『일본군사사』상, 325~326쪽

대상지역으로 마리아나를 예상하고 전국戰局 만회의 최후 수단으로 결전을 준비했다. 육군은 만주에서 이동시킨 정예사단으로 제3군을 편성했고 해군은 기지항공 병력의 주력인 제1항공함대와 제14항공함대로 연합함대를 구성했다. 이전 전투와 달리 병력과 보급준비는 충분했다. 그러나 전투 개시 후 결과는 일본 연합함대 병력의 전멸이었다. 1944년 6월 19일에 일본 연합함대와 전투기 430대가 미국 제5함대를 4차례 공격하면서 시작된 마리아나 해전 첫날 전투에서 일본 제국 해군은 300대 이상의 전투기와 2척의 정규 항공모함을 잃었다. 그리고 연합함대가 오키나와로 북진하던 중 항공모함 1척과 100대 이상의 전투기를 또 다시 손실했다. 이에 비해 미국은 2일간 전투 중 130대의 비행기와 약간의 항공모함 손실을 입었을 뿐이었다. 채 3개월밖에 훈련받지 못한 일본 해군 조종사들이 2년의 훈련을 받은 미군 조종사들을 상대로 한 무모한 해전은 아시아태평양전쟁 일본 패전을 앞당겼다.

이제 남은 것은 미군의 본토공습이었다. 공습에 대비한 일본 국내 방위체제 강화 필요성은 더욱 높아졌다. 1944년 8월 15일, 각의결정은 육군성 주도로 마련한 「총동원경비요강」이었다. 「총동원경비요강」은 '연안에 대한 적의 공습, 공습, 재해와 소요 기타 비상사태 경우에 대비한 총동원 경비 실시'를 내용으로 하고 있었다. 경비는 '경찰력을 중핵으로 관계 각 관청의 경비력을 규합하고 필요에 따라 제국 법인 기타 단체의 협력' 아래 실시하

도록 했다.[17]

또한 군은 제국재향군인회에 방위대를 편성해 취약한 지역의 경비를 담당하게 했다. 이 같이 1944년 단계에서 일본 국내 방위는 전문경비기관이나 재향군인 등이 주축이 된 방위대가 전담하게 하고, 일반국민은 고려 대상이 아니었다. 일반국민에 대해서는 '국토방위의 기백과 투혼을 불러일으키는 역할'에 주안점을 두었다. 이 시기에는 아직 일반국민을 직접 전투력이 아닌 '전의 앙양'이라는 소극적 역할을 부여했다.

물론 1944년 11월 11일자 육군성이 작성한 「연안경비계획설정상 기준」에 의하면, 군 배비配備가 취약한 도서島嶼 지역에 관해서는 '거주민의 총력을 결집해 직접 전력화戰力化하고 군과 일체가 되어 국토방위를 담당할 조직 체제를 강화확립'하도록 했다.[18] 그러나 일부 도서지역이 아닌 일본 국내에서 민간인의 국토방위 역할은 미미했다.

그러나 전황은 계속 악화되고 1944년말 대본영이 파악한 적정세판단에서도 일본본토결전은 임박했다. 대본영은 미군이 '급속히 필리핀과 마리아나 등 기지를 강화하고 … 대략 8월과 9월경 까지는 일본본토 포위진공태세를 확립해 … 본토 공략을 단행할 것'으로 예상했다. 이 판단에 따라 이후 작전준비를 진행했는데, 이 때 국민을 대상으로 한 대처방법에 변화가 나타나기 시

17) 防衛廳防衛硏究所 戰史室, 『戰史叢書 - 本土決戰警備(1) 關東の防衛』, 朝雲新聞社, 1971, 156쪽(中山知華子, 「國民義勇隊と國民義勇戰鬪隊」, 『立命館平和硏究』1, 2000, 67쪽 재인용)
18) 防衛廳防衛硏究所 戰史室, 『戰史叢書 - 本土決戰警備(1) 關東の防衛』, 朝雲新聞社, 1971, 156~158쪽(中山知華子, 「國民義勇隊と國民義勇戰鬪隊」, 67쪽 재인용)

작했다. 대본영이 작성한 「1945년 중기를 목표로 한 전쟁지도 복안」은 '국토방위를 전적으로 담당할 국민조직을 재편성하고 총 무장 단행'을 명시했다. 이 때 '총 무장'이란 상징적 의미가 아니라 실제 무기로 무장武裝을 의미하는 것이다.

또한 대본영 육군부가 1945년 3월 중순에 책정한 「결호決號작전준비요강」에서는 일본 국내 항전에 대해 '사관구 부대, 경비대(재향군인으로 편성), 관민 의용병 조직 등으로서 유격과 정찰, 위편僞編, 숙영 방해 등 게릴라 활동을 도모'하고, 국내 경비에서도 이와 같은 내용의 병력을 사용하도록 했다.[19]

이미 육군은 1945년 2월 하순, 본토결전에 대비해 정규군 신병비계획을 발표했는데, 일본 본토에 재래 병비 – 사단 10개, 독립혼성여단 6개, 전차여단 1개 – 에 추가해 각각 40개, 16개, 6개로 증원하고 총 150만명을 새로 동원하도록 했다. 이 작전부대 동원에 따라 병참부대 요원으로 별도로 40만명이 필요한데, 이는 '중국 대륙에서 전용轉用과 국민전투조직'으로 충원한다는 내용이다.[20]

이 같이 1945년 초, 일본정부는 그간 군과 관계없었던 일반 국민을 전의 앙양이라는 소극적 역할을 넘어 전투력(게릴라 요원이나 병참요원)으로 적극적으로 작전에 투입하기로 확정했다.

19) 服部卓四郎, 『大東亞戰爭戰史』, 原西方, 1965, 734쪽, 745쪽, 813쪽(中山知華子, 「國民義勇隊と國民義勇戰鬪隊」, 67쪽 재인용)

20) 服部卓四郎, 『大東亞戰爭戰史』, 原西方, 1965, 753쪽(中山知華子, 「國民義勇隊と國民義勇戰鬪隊」, 67~68쪽 재인용)

▣ 국민의용대 조직, 언제부터

1945년초 부터 일본 육군성은 '관민 의용병조직'이나 '국민전투조직'에 대해 연구를 계속했는데, 이 단계에서 '확실하게 안을 확정'하지는 못했다.[21] 육군성이 구체안을 확정하지 못한 이유는, 국민조직을 전면적으로 군 작전전투에 조직 운용하는 일이 국민의 권리와 의무에 미치는 영향이 컸고, 법적 근거가 절대 조건이었기 때문이었다. 군으로서는 관민에 의해 주도되는 조직을 지원하는 형태가 가장 이상적이다. 그러나 본토결전이 임박한 위급한 상황에서 일본 정부는 국민운동의 일원화와 강력화를 위한 새로운 국민조직이 필요했다. 군과 정부, 양자의 의견을 조율한 산물이 각의결정「국민의용대 조직에 관한 건」(1945년 3월 23일 결정, 3월 24일 발표)이었다.

〈 각의결정「국민의용대 조직에 관한 건」(1945년 3월 23일 결정, 3월 24일 발표) 주요 내용 〉

一. 목적

국민의용대는 대원 각자가 왕성한 황국호지皇國護持의 정신 아래 각자 직임을 완수하면서 전국戰局의 요청에 따라 이하 업무에 대해 활발히 출동한다.

1. 방공 및 방위, 공습피해의 복구, 도시 및 공장 소개, 중요물자의 수송, 식료증산(임업 포함) 등에 관한 공사 또는 작업에서 임시 긴급을 요하는 일.

21) 防衛廳防衛研究所 戰史室,『戰史叢書 - 大本營陸軍部(10) 昭和20年8月まで』, 朝雲新聞社, 1975, 183쪽(中山知華子,「國民義勇隊と國民義勇戰鬪隊」, 68쪽 재인용)

2. 진지구축, 무기 · 탄약 · 식량사료(糧秣) 보급, 수송 등 육해군부대의 작전행동에 대한 보조
3. 방공, 수화水火 소방, 기타 경방警防활동에 대한 보조

二. 조직
1. 다수가 소속된 직역(관공서, 회사, 공장, 사업장) 등, 기타는 일정한 지역마다, 각각 남녀별로 조직한다. 학교는 별도로 학도대를 조직한다.
2. 의용대원의 범위는 노유老幼자, 병약자, 임산부(姙婦) 등을 제외하고 국민학교 초등과 수료 이상, 남자는 65세 이하, 여자는 45세 이하의 자. 단 이외의 사람이라도 지원자는 가입 가능
3. 도도부현마다 국민의용대본부를 설치하고 해당 구역내 국민의용대를 총괄한다. 본부장은 지방장관이, 시구정촌대의 대장은 시구정촌장이 맡는다.

三. 운용
1. 국민의용대는 출동요청에 근거하거나 본부장이나 각대장이 필요하다고 판단할 경우에 출동한다.
2. 국민의용대의 출동요청은 지방장관에 대해서 하고 지방장관이 출동지령을 내린다.
3. 군의 보조를 위해 출동하는 경우에는 해당 육해군부대의 지휘를, 경방활동을 보조할 경우에는 해당 관공서장의 지휘를, 그 외 경우는 해당 공사 또는 작업 시행자의 지휘를 받는다.

四. 기타
1. 출동에 필요한 경비는 목적에 따라, 군, 정부, 공공단체 또는 출동수익자가 부담한다.

그러나 각의결정 과정에서 국민의용대 제도에 대한 정부 방침이 확립된 것은 아니었다. 여전히 일본 정부내에서 이견이 있었기 때문이다. 고이소 구니아키(小磯國昭)수상과 오다치 시게오(大達茂雄)내무상 사이의 미묘한 의견 차이가 대표적이다. 고이소 수상은 '국토방위에 관해서는 군의 의향에 따라야 하고, 경우

에 따라서는 실제로 무기를 잡고 싸우는 것'까지 상정하고 있었다. 이러한 의견은 고이소 수상과 내각 대부분의 의견이었다. 3월 22일 제국의회 석상에서 고이소 수상의 답변과 3월 23일 익찬정치회 쓰자키(津崎尙武) 보고에 의하면, 국민 총무장의 입법적 조치와 방위계획 방침에 대한 일본정부 입장은 '국토방위는 당연히 통수부統帥部에서 입안해야 한다고 생각하고, 우리 국민동포는 언제라도 통수부 계획에 응할 수 있는 체제'이며 '국민들에게 간이무기를 지급할 용의가 있음'을 명확히 했다.

그러나 오다치 내무상은 '국민 총무장이란 넓은 의미의 총무장으로 직접 무기를 잡는 것은 아니'라는 입장이었다. 국민의 전투행위를 부정한 의견이었다. 이러한 의견 차이로 인해 국민조직을 어떻게 전투에 투입할 것인가 하는 점은 정리되지 못했다. 따라서 3월 23일 각의결정에서는 '형세가 급박한 경우에는 무기를 잡고 궐기 태세로 이행'한다고 하면서도 그 태세의 구체화까지는 언급하지 않고 '무장대 조직 및 출동에 관해서는 특별한 조치를 강구'한다고 만 명시했다. 이 문제는 고이소 내각이 총사직할 때까지 해결되지 못했다. 이에 비해 근로출동에 관해서는 각의결정에서 비교적 구체적으로 명시했다. 이를 통해 고이소 내각 당시 의용대는 '출동대'로서 성격을 강하게 가진 부대조직이었음을 알 수 있다.

▣ 일본 국민의용전투대를 조직하다

스즈키 간타로(鈴木貫太郎)내각은 4월 13일 각의결정을 계기로 이전 내각에서 결정하지 못했던 전투조직에 대한 구체안을 신속히 결정했다. 고이소 내각이 총사직하고, 4월 7일 탄생한 스즈키내각이 국민의용대를 구체화한 결과이다. 4월 13일 2건의 각의결정과 4월 27일 각의결정「국민의용대 조직운영지도에 관한 건」[22]에 국민의용전투대 구성 근거와 상세한 구성 방향을 명시했다. 4월 13일자「국민의용대 조직에 관한 건」과「상세급박한 경우에 따른 국민전투조직에 관한 건」은 스즈키 내각 이후 국민의용대 관련 첫 각의결정이다.

4월 13일자 각의 결정「국민의용대 조직에 관한 건」은 크게 네 가지 내용을 담고 있다.

一. 1945년 3월 23일 각의 결정「국민의용대 조직에 관한 건」은 상세 급박한 경우에 따라 국민전투조직에 조응하면서 급속히 이를 실시하도록 한다.

二. 국민의용대의 중앙기구는 특별히 설치하지 않는다.

三. 국민의용대의 조직 및 운용에 대해서는 국민의 모든 열의를 원동력으로 함과 동시에 통솔의 묘를 발휘하고 국민의 투혼을 진작시키도록 하는 한편, 실정에 맞춰 각별히 주의를 기울인다.

四. 국민의용대 조직을 함과 동시에 대정익찬회, 익찬장년단을 해체한다.

22)http://rnavi.ndl.go.jp/politics/entry/bib00623.php

같은 날 각의결정인「상세급박한 경우에 따른 국민전투조직에 관한 건」은 '1억 개병에 철저하기 위해 전투대로 전이轉移하는 국민전투조직 구성에 관한 내용'을 담고 있으며, '전투대와 국민의용대조직은 표리일체'하다는 점을 명시했다.[23)]

고이소 내각 당시에는 근로출동대의 성격이 강한데 비해 스즈키내각에서는 각자 직임 완수를 강조했다. 스즈키의 설명에 의하면, 고이소 내각 당시의 각의 결정은 '출노出勞체제에 중점'을 두었지만 '평상시 국민의용대 임무는 대원들 각자의 직역에서 임무를 완수하도록 하는 것인데, 그 점에서 보면 출노봉사는 오히려 두 번째이고, **특공용사와 같은 마음가짐으로 직임을 사수(死守)하는 일**이 첫 번째'(*굵은 표시 – 인용자)라는 것이다.[24)]

이 입장의 배경에는 말단에서 정부가 의도하지 않은 '지나친' 훈련이 있었다. 3월 23일 각의결정 발표에서 전투조직에 대해 언급하면서 구체안을 제시하지 않았고, 국민의용대 선전에서도 '산발적으로 통일되지 않은 채' 1개월 가까이 흘렀다. 국민의용대의 특별한 훈련은 일체 없었고 특히 행정 말단에 대해 지나치지 않도록 지도하고 있었다. 그러나 각 지역에서는 다양한 훈련이 실시되고 있었다. 정부가 국민의용대구상을 발표하기 이전에서 의용대와 유사한 조직이 각지에서 결성되었고, 이러한 상황을 종합해 전투훈련을 중시한 형태가 나타났다. 즉 1944년 겨울에 설립된 지바(千葉)현 소재 항공기회사에서는 '남자대원은 일

23) 北博昭編·解說,『國民義勇隊關係資料』5쪽a
24) 朝日신문, 1945년 5월 13일자(中山知華子,「國民義勇隊と國民義勇戰鬪隊」, 69쪽 재인용)

인십살一人十殺 죽창을, 여자대원은 치도薙刀 다루기를 작업 여가 시간에 맹훈련'하고, 시즈오카(靜岡)현 시모타(下田)정에서는 3월 21일 전 주민 총무장의 의용돌격대 결성을 결정하고 호신술 등을 훈련하기 시작했다.[25)]

신문기사에서도 전투를 강조하는 기사가 나타나 '국민의용대는 사실상 국민전투조직이고 총을 잡을 수 있는 사람은 총을, 수류탄을 던질 수 있는 사람은 수류탄을 지급해 1억 국민이 한 사람도 남김없이 조국방위에 나서는 날이 올 것'이라거나 무기 제조나 취급방법 등을 숙지하고 맹훈련을 거듭할 필요가 있음을 강조하며 수류탄 구조나 투척법을 해설하기도 했다.[26)] 민간차원에서 일어난 과잉반응이었다.

스즈키 내각은 이러한 '과도함'을 진정시키기 위해 병참임무를 강조했다. 국민의용대는 '지금까지 해왔던 죽창훈련을 주 목적으로 하는 조직이 아니라 … 생산에 종사하면서 방위를 담당하고 방위하면서 생산하는' 조직이고, '어디까지나 지역에 기반한 수수한 활동'이며, '죽창적 훈련은 절대 하는 게 아니라'는 점을 여러 차례 강조했다. 의용대 임무 중 하나가 병참업무 출동이여서 당연히 병참업무에 종사하게 된다. 그런데 이 시기 각의 결정이나 내각 설명에서는 병참임무를 전투대로 전이轉移 후에 담당하는 업무인 듯 표현했다. 일본 사회의 과도함을 진정시키기 위한 배려라고 볼 수 있다.[27)]

25)朝日신문, 1945년 3월 29일자(中山知華子, 「國民義勇隊と國民義勇戰鬪隊」, 69쪽 재인용)
26)朝日신문, 1945년 4월 16일자(中山知華子, 「國民義勇隊と國民義勇戰鬪隊」, 69쪽 재인용)
27)中山知華子, 「國民義勇隊と國民義勇戰鬪隊」, 『立命館平和硏究』1, 2000, 69쪽

4월 13일 각의결정사항 「상세급박한 경우에 따른 국민전투조직에 관한 건」에 따라 군부에서 요망했던 국방조직은, 국민의용대와 밀접한 관계를 가지면서도 별도 조직으로 한다는 점이 명확해졌다. 평시에는 별도조직으로 있다가 상황이 급박해지면, '전쟁으로 이어질 지역'의 국민의용대가 전투대로 전이轉移해서 군의 지휘 아래 들어가고 향토를 핵심으로 방위와 전투 등을 담당한다는 점이 새로이 정해졌다. 이는 평상시에는 관민주도이지만 적 상륙 등 비상시에만 군 지휘아래 둔다는 점에서 군의 입장에서 이상적인 형태였다. 이후 육군성을 중심으로 의회 제출이나 법안류 준비가 추진되었다. '참모본부는 이 건에 대해서는 오로지 육군성에 위임한 형태'였다.[28)]

▣ 일본 국민의용대 조직, 지역과 직장별 조직

3월 23일 각의결정 이후 1개월이 지난 4월 30일, 내무성은 각 도도부현에 「국민의용대조직에 관한 요강」을 통해 비로소 정식으로 의용대의 목적과 지역 · 직역별 조직, 전투대 조직, 지역본부 조직, 운용 등을 하달했다.[29)] 4월 13일자 각의결정 「상세급박한 경우에 따른 국민전투조직에 관한 건」과 4월 27일자 각의결정 「국민의용대 조직운영지도에 관한 건」에 따른 후속조치

28) 防衛廳防衛研究所 戰史室, 『戰史叢書 – 大本營陸軍部(10) 昭和20年8月まで』, 朝雲新聞社, 1975, 185~186쪽(中山知華子, 「國民義勇隊と國民義勇戰鬪隊」, 71쪽 재인용)
29) 北博昭編·解說, 『國民義勇隊關係資料』12~15쪽

였다.

이 요강을 받은 각 도도부현은 준비위원회(또는 준비간친회)를 열어 내무성 요강을 참고로 각각 요강을 만든 후 5월 10일 전후에 시구정촌과 지방사무소에 통달했다. 또한 본부 직제와 간부 등을 결정해 5월 하순~6월 초순에 걸쳐 본부 결성을 거의 완료하고 각 국민의용대 결성식도 했다.

나가노(長野)현 마쓰시로(松代)대본영 구축 공사장에서는, 지역별 국민의용대 결성에 따라 1944년 12월부터 마쓰시로대본영 구축 공사장에 동원되었던 근로보국대원 가운데 일부가 1945년 5월 25일자로 국민의용대원이 되었다. 1945년 7월 25일에 사라시나(更級)군 연합의용대장은 이나리야마쵸(稲荷山町)의용대장에게 공문을 보내 미美기동부대의 폭격과 공습 피해를 언급하며 '지하건설공사에 관해 군령에 따라 지역의용대에게 생산능률을 저하하지 않는' 근로동원을 명했고, 8월 1일~9월 30일간 대본영 구축 공사에 동원할 지역의용대를 추가로 할당하기도 했다.[30)]

매일신보 기사에 의하면 6월 22일 도쿄도에서 '의용대 출동'이 있었으나 요도바시(淀橋)구 의용대 결성식을 마지막으로 35개구 전 지역의 의용대 결성식을 마친 후 훈련 차원의 '출동'이었다.[31)]

30) 青木孝壽, 「松代大本營の建設に關する硏究」, 『長野縣短期大學紀要』, 1989, 7쪽
31) 매일신보 1945년 6월 24일자 '도쿄도 국민의용대들 출동'

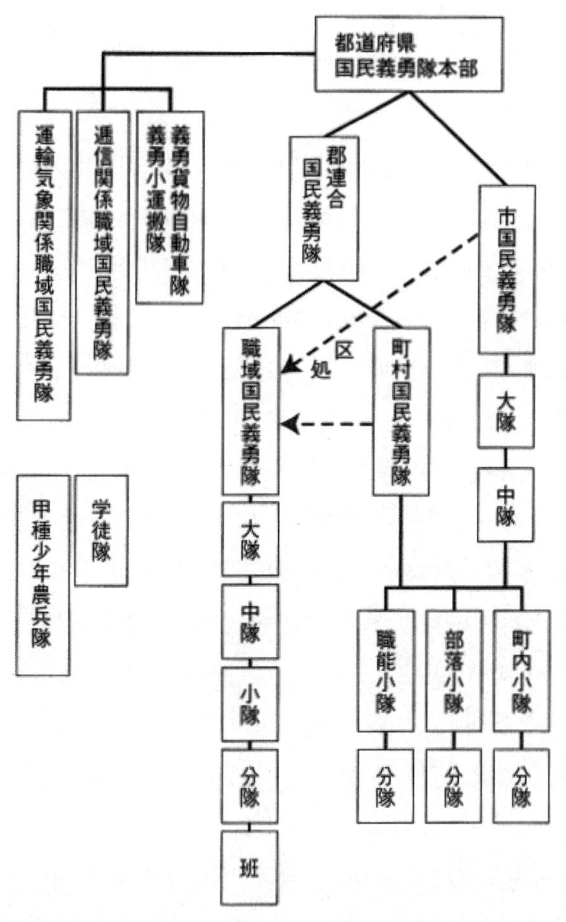

그림 8 일본 국민의용대 조직도(中山知華子, 「國民義勇隊と國民義勇戰鬪隊」, 69쪽 재인용)

국민의용대는 결성 시점부터 대상에 포함된 자는 모두 대원이 되었는데, 국민들에게 그러한 자각은 희박했다고 생각한다.

일본 시정촌 단위에서는 시정촌국민의용대를 편성하고 산하 정내회, 부락회별로 소대를 만드는데, 지방별 상황에 따라 편성할 수 있게 했다. 예를 들면 교토시에서는 정내회연합회를 단위로 대대와 중대를 편성했다. 직역에서는 기존의 직계제에 기초해 대대와 소대를 만들고 직역 책임자가 대장이 되도록 했다. 직역국민의용대에 가입하는 자는 지역대에는 가입하지 않도록 했고, 또한 군의 작전과 긴밀히 관련되는 운수, 통신, 항공, 기상, 전력 관계 등 직역에 대해서는 각각 개별적인 방침을 하달해 지방장관이 직접 관장하도록 했다.[32]

직역에 대해서도 5월 22일 '근로통솔조직확립요강'을 하달했다. 이 요강은 '군대에 준한 부락조직'인 직역의용대 편성에 의해 직장의 '통솔을 강화하고 부하 장악을 철저히 하며 … 결전생산의 완수를 기하고자' 마련했다. 효과 여부와 무관하게 5월 단계에서는 직장에 국민의용대를 조직해 직무완수를 꾀했다.

그러나 효과는 당국의 기대에 미치지 못했다. 5월 중순 중부군관구 구역내 출근율은 50%였고, 도쿄도 주요 공장의 경우에는 72~76% 정도였다고 한다. 1945년 6월에 실시된 행정사찰 보고서에서도 '형식적, 냉담소극적' 반응과 오히려 생산저하를 우려하는 내용이 담겨 있었다. 특히 특공무기공장의 직역의용대에 대한 근로출동 명령이 생산에 지장을 초래한 사례도 있었다.[33] 직역의용대 출동이 오히려 군수물자 생산을 저지하는 요

32) 中山知華子, 「國民義勇隊と國民義勇戰鬪隊」, 69쪽
33) 北博昭編·解說, 『國民義勇隊關係資料』 38쪽

소로 작용하고 있었던 것이다. 이에 대한 대응책으로서 긴키(近畿)지방총감부와 마이즈루(舞鶴)진수부는 관할 각부현 국민의용대본부에 해군관계자를 참여해 배치하도록 통달했다.

일본 군부는 5월에 들어서자 전투대 준비에 본격적으로 들어감과 동시에 전투대의 모체가 되는 국민의용대의 급속한 조직화를 요망하게 되었다. 이러한 군부의 관여는 경찰 권력 개입과 충돌이 불가피했다. 대일본산업보국회 미와(三輪壽壯)상임이사는 '세부의 간섭으로 의용대에 혼이 제대로 스며들지 못하고' 의용대조직이 관제적 조직이 되어 버렸다는 불만을 표했다.[34] 국민의용대 제도 논의 과정에서 있었던 수상과 내무상의 의견 차이가 다시 살아난 것이다.

이에 대해 내무성은 국민의용대 강령과 '서誓' 두 가지 안을 결정해 각지에 게시하고 국민의용대 노래도 발표했다. 출동과 훈련에 즈음해 의용대원들이 함께 강령과 맹세, 노래를 외치게 하고 정신 앙양을 도모할 목적으로 만들었으나 효과를 거두지는 못했다.[35]

이미 일반 민중의 노동의욕은 매우 낮아서 생산력 증대는 기대하기 어려웠다. 국민징용령, 노무조정령 등 각종 인력동원관련 통제법에 의해 실업자로 전락한 '징용공'들의 의지도 약했지만 자재가 부족하거나 노무관리가 엉망인 공장도 적지 않았다. 이미 1942년 후반부터 군수공장에서는 '결근자 격증', '지각 조

34)朝日신문, 1945년 7월 4일자(中山知華子, 「國民義勇隊と國民義勇戰鬪隊」, 71쪽 재인용)
35)中山知華子, 「國民義勇隊と國民義勇戰鬪隊」, 71쪽

퇴자 증가', '도주자 속출', '직장에서 태업경향'이 두드러졌다. 1943년 4월 주요 항공기 관련 공장 결근율을 보면, 나카지마(中島) 비행기 오타(太田)제작소의 결근율은 남성 11.8%, 여성 12.9%이고, 나카지마 비행기 무사시(武藏) 제작소는 남성 14.5%, 여성 20%이며, 미쓰비시중공업 나고야(名古屋) 항공기제작소는 남성 18.4%, 여성 26.7%, 가와사키(川崎) 항공기 아카시(明石) 발동기 공장 고베(神戶) 분공장은 남성 20%, 여성 43.8%였다. 질병으로 인한 결근자를 감안한다 해도 높은 결근율이다.[36)]

이런 상황에서 국민의용대 노래나 맹세가 정신 앙양에 도움되었다고 보기는 어렵다.

▣ 의용병역법을 제정하라

3월말에 시작된 오키나와전투에서 일본군은 지구전법을 취했으나 5월 중순경에는 전황이 급박해져 미군의 본토 진공을 염려할 상황이 되었다. 이미 1944년말 부터 미군의 일본본토상륙을 염두에 두었으나 9월경으로 예상했는데, 오키나와전 상황에 따라 5월에 일본군부 전체 판단은 미군상륙시기가 6월말 경으로 앞당겨졌다. 지역적으로 보면 규슈와 시코쿠(四國)지역이 6월이고, 7~8월경에는 미군이 관동방면에 진공할 것으로 예상했다.

36) 요시다유타카(吉田 裕) 지음, 최혜주 번역,『아시아태평양전쟁』, 184쪽

그러나 이에 대비한 규슈와 시코쿠 방면 작전준비는 아직 정비되지 못했으므로 일본 군부는 동일본 지역 병비兵備를 희생해서라도 관동방면 병비를 충실히 하고자 했다. 그러나 당시 상황으로는 빈약한 점이 있었다. 새로운 소집병의 대부분은 미 교육병이거나 노병이고 국력은 팽창한 병비를 감당할 수 없는 수준이었기 때문이다. 또한 5월경 일본 국민의 상태는 규슈지역 조차 '직접 적을 맞아 격퇴한다는 긴박한 분위기가 아니'었고 의용대는 계속 조직되고 있었지만 '전쟁터가 외지에 한정되어 있을 경우 군민협력체제와 큰 변화가 없었'다.[37]

게다가 일본 군부는 오키나와전의 경험을 통해 일본본토에 미군이 상륙했을 때, 주민들의 대응을 어느 정도 예상하고 있었다. 이 경우에 주민들은 모두 일본 작전군 소속이 되지만, 군인과 같은 충성심과 저항력을 요구하기는 어렵기 때문이다. 오키나와에서 일본군의 조직적 저항이 종결된 6월 23일까지 전사자 약 12만명과 포로 약 8천명인데, 보호주민은 22만명이었고, '자결을 강요한 군명을 충실히 따른 주민보다 미군에 보호되거나 항복해서 목숨을 건진 주민이 압도적으로 많았'다. 일본 군부는 본토결전이 일어날 경우에도 오키나와와 동일한 상황이 벌어질 것이라 상정했다. 오키나와전에서 민간인인 주민들에게 군인과 같은 군명을 적용하고 자결을 강요한 것 자체가 부당하다는 생각 따위는 없었다.

37) 防衛廳防衛研究所 戰史室, 『戰史叢書 - 本土決戰準備(2)』, 朝雲新聞社, 1971, 420쪽(中山知華子, 「國民義勇隊と國民義勇戰鬪隊」, 72쪽 재인용)

주민들이 오히려 전투의 걸림돌이 된다면 '전쟁터의 주민은 가능하면 사전에 퇴거시키는' 작전이 최선일 수 있다. 규슈나 관동 신에츠(信越)지방 등에서는 5월경에 주민 피난을 계획했다. 그러나 이 방법도 실현은 쉽지 않았다. 피난을 위한 수송수단이 마비되고 피난처 숙소나 식량을 제공할 여유도 없으며 무엇보다도 생산율 하락을 막을 방법이 없었기 때문이다. 이러한 사정을 고려해볼 때, 주민피난방법은 가능하지 않았다. 따라서 주민피난계획은 6월에 전면적으로 철회되고, 차선으로 나온 안이 '주민이 최후까지 군대와 함께 전쟁터에 남는' 방법이자 '건강한 남녀는 … 국민의용전투대가 되어 싸운다'는 것이었다.[38)]

이러한 상황에서 이제 남은 시급한 일은, 전쟁터에 남을 수밖에 없었던 국민을 무장시켜 정규군의 열세를 보충하는 전투대조직의 구현이었다. 이 안에 대해 육군성은 5월 15일 각 군관구 참모부장 대상으로 의용대와 전투대에 대해 설명하고 30일에는 육군성 군무국 회의에서 연구를 진행했다. 논의 내용 중에는 연령이 포함되어 있었다. 4월 13일 각의결정에서는 대략 남성 15세 이상 55세 이하, 여성 17세 이상 40세 이하였는데, 5월 28일에는 남성 15~60세로 상한을 올렸다. 이러한 연구와 논의를 거쳐 6월 11일, 임시의회에서 의용병역법 등이 성립하고 6월 22일에 칙령의 형식(법률 제39호)으로 공포 시행되었다. 일본 패전 이후 의용병역법은 군사특별조치법폐지등에 관한 건(칙령 제604

38) 防衛廳防衛硏究所 戰史室, 『戰史叢書 - 本土決戰準備(2)』, 422쪽(中山知華子, 「國民義勇隊と國民義勇戰鬪隊」, 72쪽 재인용)

호)에 따라 1945년 10월 24일 폐지되었다.

육군성은 6월말, 라디오방송을 통해 법령의 취지를 설명하고 병무국 직원이 후쿠오카와 히로시마, 교토 등으로 가서 군영 관계자를 지도했다. 아나미 고레치카(阿南惟幾)육군상의 라디오방송 내용에 의하면, 의용병제도는 '국민개병, 병농일치' 정신을 철저히 한 일대 병역제도 개혁이었다.[39]

6월 22일 공포된 의용병역법의 주요 내용은 다음과 같다.

- '대동아전쟁에 즈음해' 의용병역은 병역법에서 규정한 병역과 같은 '신민의 의무' 이며, 제국신민은 현행 병역법 이외에 새로운 병역(의용병역)을 져야 하며 '천황폐하 친솔의 군대에 편입해 제국 군인으로서 영예와 책무' 를 다해야 한다.(제1조)
- 의용소집에 부당하게 응하지 않은 자는 징역형이 부과되고(제7조), 육군형법과 해군형법 등 군법 적용이나 준용된다.(제8조)
- 현행 병역법에 의한 현역과 소집중인 사람, 육해군 학생을 제외한 남성 15~60세, 여성 17~40세 전원에게 의용병역 부과하며, 이외에도 지원에 의한 의용병도 가능하다.(제3조)

이 같은 내용의 의용병역법 시행에 따라 15~60세 남성과 17~40세 여성에 해당하는 제국신민은 현행 병역법 이외에 새로운 병역(의용병역)을 져야 하며 '천황폐하 친솔의 군대에 편입해 제국 군인으로서 영예와 책무'를 다해야 했다.

의용병역법 시행에 따라 의용병은 전투대 편성하령編成下令에

39) 朝日신문, 1945년 6월 24일자(中山知華子, 「國民義勇隊と國民義勇戰鬪隊」, 72쪽 재인용)

의해 '의용소집'되어 각 전투대의 대원이 되었다. 편성하령은 군관구사령관 또는 진수(경비)부사령장관 등이 필요할 때 육군 또는 해군대신의 허가를 얻어 필요한 지역과 직역에 대해 발동한다. 편성하령이 발동하면 해당지역 연대구사령관은 의용소집 담당자를 통해, 미리 작성된 '의용병 연명부'를 대상으로 소요 인원을 선발해 본인을 소집하도록 한다. 이 경우에 질병자나 임산부, 이들의 간호를 위해 필요한 자는 소집을 면제한다.

본인에 대한 소집 통달은 소집명령이 아니라 회람판이나 경종警鐘 또는 선전관을 활용한다. 병역법에 의한 소집 방식보다 간단하고 신속한 방식이었다. 또한 해당 연령자는 8월 3일까지 지면이나 구두로 각자가 소속 국민의용대 의용소집담당자에게 서류를 제출해야 하고, 하지 않았을 경우에는 50엔 이하의 벌금 등 벌칙을 부과했다. 이런 방식으로 추정한 전 국민을 대상으로 한 전투대요원(의용병) 비율은 약 4할이다.[40)]

일본 각 지역별 직역별 국민의용전투대 조직은 다음 그림과 같다.

40) 中山知華子, 「國民義勇隊と國民義勇戰鬪隊」, 73쪽

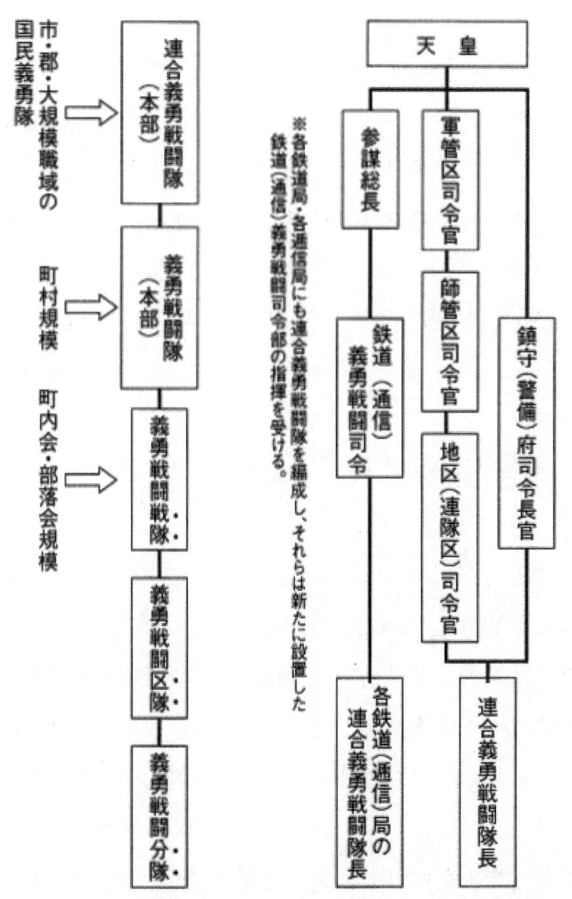

그림 9 일본 국민의용전투대 조직(中山知華子, 「國民義勇隊と國民義勇戰鬪隊」, 73쪽)

전투대는 일본의 시(6대 도시는 구), 군 연합, 1만명 이상의 직역국민의용대를 단위로 연합의용전투대를 편성하고, 각각 지구사령관(연대구 사령관이 겸임)에 예속되며 '천황 친솔親率의 황군'이 되었다.

그 아래 정촌 단위와 1천명 이상의 직역 단위에서는 의용전투대를, 정내회와 부락회 단위에서는 의용전투전대(義勇戰鬪戰隊)를 편성하고 그 아래 도나리구미(隣組)조직과 관계없이 남녀별 연령별로 의용전투구대(義勇戰鬪區隊), 의용전투분대를 설치했다. 1천명 이하 직역에서는 사람 수에 따라 전대戰隊 또는 구대區隊를 편성하고 직역명을 붙여 지역의 의용전투대로 편입했다.

▣ 일본 의용병, 임무와 권리는

법령에 의하면, 의용병으로 소집되어 전투대원이 된 경우에는 일반군인과 동일한 은상恩賞과 징벌 대상자가 되었다. 무훈이 뛰어난 자에게는 무공훈장인 금치(金鵄)훈장을 하사하고 전사자는 야스쿠니(靖國)신사에 합사하며 유족에게는 은급을 지급하도록 했다. 또한 군기軍紀를 어지럽힌 자는 면직, 근신, 고역 등 징벌이 부과되고 권한은 상관인 지구사령관이나 연합의용전투대장이 가지고 있었다. 또한 육해군형법을 약간의 완화 수정해서 적용해 범죄사건이 일어나면 군법회의에 회부하도록 했다.

전투대원에게는 육해군 구별이나 계급제도는 없었고 지휘자와 피지휘자로 구분되었다. 특별한 군복은 지급되지 않았고 대원은 대원 휘장(가로 7cm 세로 6cm 흰 천에 '전戰'이라는 글자와 이름을 기재한 것)을, 간부는 완장(폭 10cm 흰 천에 직명을 기입)을 붙였다. 전투대원에 대한 봉급은 지급하지 않는 것이 원칙이었다. 전투대원은 전투임무에 종사하는 한편 종래 지위나 신분을 유지하면서 평소대로 직무를 계속할 의무가 있다. 전투대원의 군대로서 임무는 다음과 같다.

① 직접 전투 : 적의 상륙이나 공정空挺부대가 내려올 때, 일반 군인과 협력하거나 단독으로 향토와 직역을 지키거나 유격전을 실시
② 정보 연락 : 정규군이 필요한 정보를 신속히 전달
③ 운수, 통신, 보급 등
④ 축성, 비행장, 도로 구축 · 보수, 운수 · 통신 · 생산시설 유지 · 보수 등 공사

이들 임무 수행에서 전투대원에게 전투가 아무리 치열하더라도 임무수행 현장에서 이탈할 수 없고, '전진훈戰陣訓'에 따라 '살아서 포로가 되는 치욕을 당하지 않는다'는 태도를 강요했다. 또한 일본 군부는 『국민항전필휴』, 『국민축성필휴』, 『대공정전투도해對空挺戰鬪圖解』 등에 전투대임무를 상세히 명시하고 국민의용대원에게 배포하고자 했다. 『국민항전필휴』는 앞의 ①방법인 직접 전투에 대한 대응을 위한 교재였다. 이에 따르면 전투법은 2,3명을 1조로 화염병이나 수류탄을 적 전차에 투척하는 방법, 손도끼나 부엌칼로 등 뒤에서 기습하는 방법, 격투상황에서 적병의 명치를 찌르거나 고환을 차는 방법, 유도 방법으로 목을 조르는 방법 등이다. 『대공정전투도해』는 ①과 ②에 해당하는 내용인데, 적의 공정부대를 발견한 경우 전화나 자전거, 비둘기 등을 이용

해 신속 정확하게 연락하고 '적의 강하지점 부근에서 수류탄이나 소총, 망치 등 무엇이라도 무기 삼아 낙하병을 반드시 죽여야'한다는 점을 담았다. 『국민축성필휴』는 앞의 ④번에 대응해 지하호를 만드는 방법을 해설한 교재이다.[41]

그러나 일본 군부는 전투대원의 무기에 대해서는 어떠한 통제도 고려하지 않았다. 육군차관통첩에서는 전투대원이 각자 소유한 무기로 무장할 경우, 일본 군부는 지도통제를 함과 동시에 필요하면 무기를 매수해서 통일적으로 사용하도록 하고, 칼이나 총포, 수류탄 등 직접 전투용무기를 지급할 필요가 있다면 '군에서 정비를 담당한다는 원칙'을 정했다.[42]

일본 군부는 국민의용전투대의 무기에 대해 스스로 담당하고 지급하도록 하고 실제로 부대의 중핵이 되는 자에게는 지급한 사실이 있다. 그러나 전 전투대원에 대한 무기 지급은 불가능했으므로 각자 소유한 부엌칼이나 망치 등을 사용하도록 할 수밖에 없었던 것으로 보인다.[43]

의용대와 전투대에게 부여된 역할의 변화를 보면, 4월 이전의 고이소 내각 시기에는 의용대와 전투대는 명확히 구분되지 않았다. 스즈키내각에 들어 두 조직은 표리일체가 되면서 별도의 조직이 되어 의용대는 생산을, 전투대는 군율에 따른 전투를 담당하게 되었다. 스즈키내각에서 의용대의 출노봉사기능은 두 번째가 되었고 첫 번째는 각자의 직임완수라는 점을 강조했다. 같은

41) 이러한 교재가 식민지 조선에는 보급되지 않은 것으로 보인다.
42) 北博昭編·解說, 『國民義勇隊關係資料』76쪽
43) 中山知華子, 「國民義勇隊と國民義勇戰鬪隊」, 『立命館平和硏究』1, 2000, 74쪽

시기에 전투대의 전투기능은 급속히 갖추어졌다. 그러나 7월 이후 일부지역을 제외하고 전투대는 전투기능을 유지하면서도 생산면에서 역할이 강조되었다. 그리고 본래 생산면을 담당하던 의용대에 최종적으로 남은 것은 근로봉사작업에 나가는 출동대로서 성격뿐이었다.

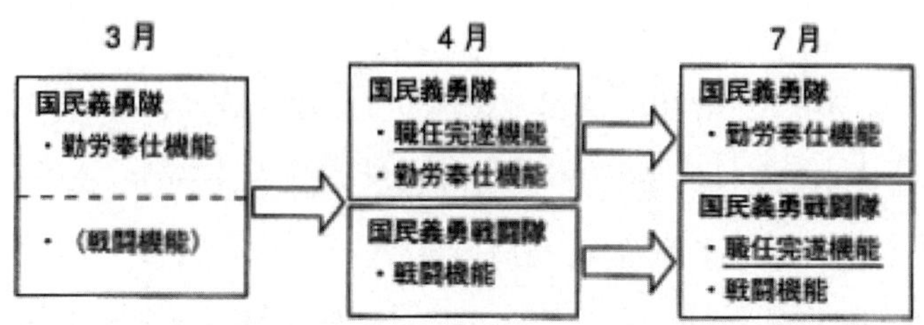

그림 10 일본 국민의용대와 국민의용전투대의 기능변화(中山知華子, 「國民義勇隊と國民義勇戰闘隊」, 77쪽)

전투대 운용에 대해서는 각 군관구사령관 등이 담당하게 하고 규슈 각 군에서는 작전계획에 전투대의 운용을 포함했다. 즉 재향군인들로 편성된 지구특설경비대와 함께 행동하도록 하고 군수품수송이나 도로 수리작업 등 병참지원 외 일부 정예자를 정규군에 배속시켜 교통망 파괴나 물건 소각 등의 유격행동을 하도록 한 것이다.[44] 도카이(東海)지방에서 편성한 학도의용대에 대한 훈련은 '총, 수류탄, 기관총, 폭약의 실탄훈련' 등 실전에 사용할 내용이었다. 또한 패전에 임박해서는 본토작전가능 총병력으로서 육군 군인군속 약 225만명, 해군 군인군속 약 130만과 함께 국민의용전투대 요원 2,800만명도 포함해서 산출했다. 이는

44) 防衛廳防衛研究所 戰史室, 『戰史叢書 – 本土決戰準備(2)』, 418~419쪽(中山知華子, 「國民義勇隊と國民義勇戰闘隊」, 74쪽 재인용)

일본 군부가 한정적이긴 하지만 국민을 전투력 - 유격전이나 병참부대의 요원 - 으로써 파악하고 있다는 의미일 것이다.[45]

▣ 패배를 앞두고 – 국민의용대와 국민의용전투대

의용병역법이 일본 의회에서 논의될 때부터 순수한 군사면만이 아니라 생산과 증산면에서 전투대의 역할을 요구하는 소리가 높았다. 1945년 6월 9일 의용병역법을 둘러싼 중의원 질의 중에 대일본정치회 소속 모리타(森田重次郎)의원은 군수 · 식량증산의 철저화를 위해 '국민의 직장 조직에 군사적 성격을 부여하고 자발적인 전투력을 앙양하는 일이 절대적으로 필요'하다고 발언하며 직장에서도 전투대와 동일한 조직을 편성할 것을 촉구했다. 언론에서도 생산 부진의 원인을 '근로자의 생산의욕 저하'라 파악하고, '현재 직역의용대를 천황 친솔의 군대로 하는 것 외에는 해결책이 없'으므로 '전투대하령이야말로 급무'라고 보도했다.[46]

원래 직역에서는 국민의용대 편성이 군대적 규율로 생산에 종사하도록 하기 위한 조치였다. 그러나 오키나와전 패배와 연일 공습으로 일본 국민들의 전의가 계속 떨어지자 생산율도 떨어지지 않을 수 없었다. 생산률 상승은커녕 민중들은 중요 군수물자

45) 中山知華子, 「國民義勇隊と國民義勇戰鬪隊」, 75쪽

46) 朝日신문, 1945년 6월 28일자, 7월 22일자(中山知華子, 「國民義勇隊と國民義勇戰鬪隊」, 75쪽 재인용)

와 자재, 생활필수품의 암거래에 광분했다.[47] 전시통제경제 아래에서 암거래는 분명한 범죄행위였고, 국가총동원법에 벌칙 조항이 있었으며, 일본 경제경찰은 단속을 계속했으나 심각한 물자 부족은 암거래를 근절시킬 수 없었다.

이런 상황에서 일본 정부는 의용대가歌 제정이나 팜플렛 배포, 간부훈련 실시 등을 통해 의용대정신을 보급하고 전의 앙양을 시도했으나 이미 한계에 달한 상태였다. 또한 의용대가 내각 직속인지 내무성 주도인지 결정도 여러 차례 엎치락뒤치락하면서 '의용대 무용지물론'이 생겨나면서 의용대와 전투대간 관계도 혼란스럽게 되었다.[48] 관제단체로 전락했다는 비판도 나왔다. 이렇게 되자 의용대의 생산유지기능은 포기하고 최종 수단으로 직역 차원에서 전투대로 전이한다는 문제가 나온 것이다.

이에 대해 처음에 일본 군부는 반대했다. 일본 군부에서는 의용대는 생산면을 주로 하는데 대해 전투대는 군율에 의한 전투를 주로 하는 것으로써 양자를 명확히 구별하고 전투대를 생산에 종사하게 하는 점에 관해서는 '군이 직접 지도해서 공장에서 일 시키는 것은 여러 가지 어렵'고 '일반 생산에 국민의용전투대를 투입하는 것은 생각하지 않는다'고 단언했다. 즉 의용병역법이 논의되던 무렵의 일본 군부 방침은, 전투대의 최대 임무는 작전상 불가결한 후방 근무 종사이고, 생산면은 의용대에게 맡기는 것이었다. 그러므로 전투방법을 구체적으로 담은 '필휴'류를

47) 요시다유타카(吉田 裕) 지음, 최혜주 번역,『아시아태평양전쟁』, 221쪽
48) 朝日신문, 1945년 7월 3일, 19일자(中山知華子, 「國民義勇隊と國民義勇戰鬪隊」, 75쪽 재인용)

게시한 것이다.

그러나 7월 이후 일본 군부의 이러한 방침은 변화하기 시작했다. 7월 14일 신문은 '생산에 전투적 철근'이라는 기사제목을 내고 육군대좌 아라오(荒尾興功)군사과장과 대담을 실었다. 아라오는 천황 친솔의 황군인 전투대 전이를 통해 '다시 일본인의 혼을 일으킬'수 있고, 직역에서 '부여된 명령은 어떤 일이든 수행할 가능성'이 있다고 언급하고 생산면에서 전투대가 담당할 역할을 강조했다. 군수성 항공병기총국장관 엔도(遠藤三郎) 육군중장도 12일에 발표한 담화를 통해, 본토결전을 목전에 둔 현 단계에서 항공기 생산의 중요성을 강조하고 거의 모든 국민이 그와 관련한 생산 활동에 종사하고 있으므로 '생산에 종사하는 직장은 바로 전투대가 되어 천황폐하의 군대가 되어야 한다고 생각'하고 '중요한 것은 직장에 있는 자가 전력(全力)을 발휘하도록 하는 길'이라고 주장했다.[49)]

또한 7월 이후 육해군성과 군수성은 군수행정기구의 근본적 정비를 기획했다. 대본영에 새로이 군수총감부를 설치하고 직역 전투재조직의 통일적 지도를 담당하도록 하고 그에 따라 생산증강을 도모하고자 한 것이다. 특히 육군상이 적극적으로 추진하고자 했다.[50)]

일본 군부가 방침 전환을 하게 된 요인은 첫째, 적정 판단의 변화이다. 5월 초반의 판단과 달리 미군의 일본본토상륙 시기가

49) 朝日신문, 1945년 7월 13일자(中山知華子, 「國民義勇隊と國民義勇戰鬪隊」, 75쪽 재인용)
50) 防衛廳防衛研究所 戰史室, 『戰史叢書 - 大本營陸軍部(10) 昭和20年8月まで』, 394쪽(中山知華子, 「國民義勇隊と國民義勇戰鬪隊」, 75쪽 재인용)

달라진 것이다. 5월 초반에는 미군 상륙시기를 6월말로 예상했으나 7월에는 9월말 이후로 변경했다. 이러한 정세변화에 따라 7월 이후에는 국민무장조직에 대한 일본 군부의 관심은 상대적으로 떨어지고 정규군의 병비에 비중을 두게 되었다.

두 번째는 국력의 문제였다. 결전시기의 지연에 따른 공습의 치열화가 그만큼 국력의 위기적 양상을 높였다. 7월에는 이미 본토 주변의 제공 제해권을 완전히 상실해 일본으로 들어오는 물자 수송력은 대폭 감소했다. 일본 국민의 생활문자나 군수생산물자 수송을 위해 필요한 선박은 매월 최저 300만톤이었으나 1945년 6월부터 8월간 톤수는 112만톤, 91만톤, 67만톤으로 격감했다. 이 상태로 라면, 연말에는 거의 제로 상태가 될 것이다. 이를 해결하기 위해 한반도 북부에서 해류를 이용해 식량을 조달하는 방법을 생각할 정도였다. 또한 철강생산은 전년 동월 대비 1/4 정도로 떨어졌고, 항공휘발유도 '해군은 8월분까지, 육군은 9월분까지' 남은 상태였다. 식량은 7월초에 미곡배급 1할 삭감을 결정했고 식용유나 설탕 배급은 아예 사라졌다. 1945년 중반기 이후 수송력과 민수 · 군수물자, 식량 등 전쟁을 유지할 수 있는 절대조건이 절망적이었다. 이러한 종말적인 국력 현상 앞에서 일본 군부로서도 적정 판단 변화에 따라 일부 지역 이외에서는 전투력 보다 전의앙양과 생산유지가 우선해야 할 일이었다. 그것은 이미 국민의용대로 감당할 수 없는 상황이 되었으므로 '천황의 군대'인 전투대, 즉 의용병에 기대하게 되었다.[51)]

51) 中山知華子, 「國民義勇隊と國民義勇戰鬪隊」, 76쪽

운수 · 통신 · 일부 중요 군수공장 등 작전과 밀접히 관련된 직역에 대해서는 공습 아래에서도 전투대원으로 역할을 하도록 하고, 6월말에는 조기에 전투대로서 편성하도록 결정했다. 예정대로 7월 23일에는 철도의용전투대 편성하령이 시행되고 27일에 편성을 완결해 참모총장 예하로 들어갔다. 8월 1일에는 선박의용전투대, 5일에는 선박구난전투대가 편성되어 해군에 소속되었다.[52)]

의용대의 전투대 전이는 이 3개 부대 외에 몇몇 지역에서도 사례는 확인된다. 도카이군관구에서 참모의 입안으로 '도카이학도열차 경승警乗대'가 학도의용전투대로 편성되었고, 행정사찰 수원随員의 보고에도 '국민의용대를 전투대로 전이해서 군과 공동으로 진지구축 작업을 행하는 지점'도 있었다. 그러나 이러한 와중에 전쟁은 끝났다.

원폭 등 대규모 전재戦災를 입은 지역에서는 출동 사례가 있다. 앞에서 소개한 원폭이 투하된 히로시마에서 직역의용대원으로 출동했던 김규태 사례가 해당된다. 히로시마는 5월 7일자로 관할 시정촌장 앞으로 국민의용대 조직에 관한 지침(국민의용대조직 운용에 관한 건 의명통첩)을 하달하고 20일까지 조직하도록 했다.

2010년 7월 16일~12월 15일까지 히로시마평화기념자료관이 국립히로시마원폭사몰자추도기념관과 공동 개최한 기획전 '

52) 防衛廳防衛研究所 戰史室, 『戰史叢書 - 大本營陸軍部(10) 昭和20年8月まで』, 395~396쪽(中山知華子, 「國民義勇隊と國民義勇戰鬪隊」, 76쪽 재인용)

국민의용대' 전시자료에 의하면, 사에마(佐伯)군연합의용대장이 7월 28일자로 관내 의용대장에게 고아미쵸(小綱町) 지구 건물소개 출동명령을 내렸다. 그러나 히로시마 관내 국민의용대는 주로 8월경에 건물 소개 작업에 동원되었다.[53]

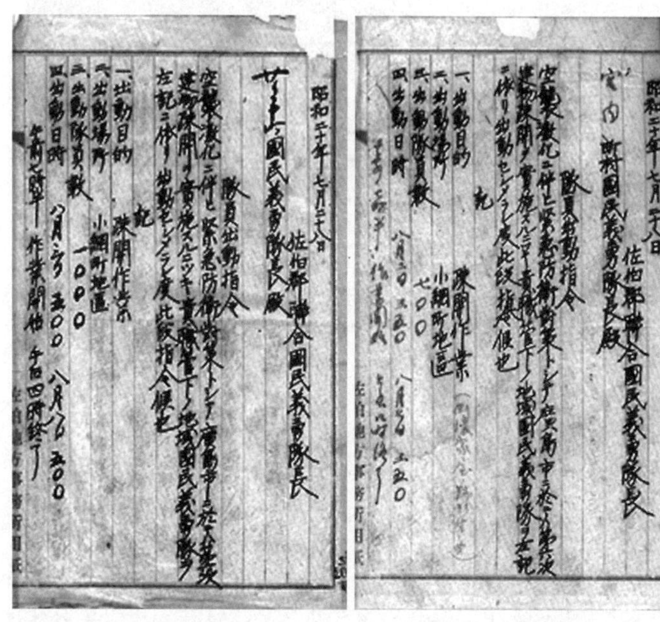

그림 11 http://www.pcf.city.hiroshima.jp/virtual/img/ex1007_img/100706.jpg

그림 12 http://www.pcf.city.hiroshima.jp/virtual/img/ex1007_img/100707.jpg

전시회는 원폭 발생지역에서 건물 소개 작업 인력 투입은 오히려 피해를 확산시키는데 영향을 미쳤다는 점을 강조했다.

53) http://www.pcf.city.hiroshima.jp/virtual/VirtualMuseum_j/exhibit/exh1007/exh100702.html

그림 13 당시 26세였던 하마타 요시오(濱田義雄)가 그린 전시물. 히로시마 건물소개작업을 묘사한 그림(http://www.pcf.city.hiroshima.jp/virtual/img/ex1007_img/100705.jpg)

김규태 사례 외에도, 피해 내용은 히로시마현 구마노(熊野)정사町史에서 관련 내용을 찾을 수 있다. 8월 6일부터 20일 까지 구마노정에서 발생한 원폭에 의한 전사자는 42명이다. 학도동원이 21명으로 가장 많고, 군무원과 군인이 13명, 여자정신대 6명, 의용대가 2명이다. 2명의 의용대원의 사망일은 8월 8일부터 20일간으로 기재되어 있다. 2명의 의용대는 현이나 정의 직원이고 국민의용대의 지도에 따라 출동해 사고를 입었다고 한다. 이를 통해 이들이 구마노정에서 히로시마시까지 출동했음을 알 수 있다.[54)]

일본 패전에 따라 일부에서 편성된 국민의용전투대는 '전쟁 목

54) 熊野町史刊行委員會,『熊野町史-通史編』, 1987, 493~494쪽

적을 위해 만들어진 것이므로(朝日신문, 1945년 8월 17일자)' 패전 직후에 이미 해산하고 국민의용대 자체도 8월 21일 각의 결정으로 해산되었다.

2장 신문기사를 통해 본 식민지 조선의 국민의용대 제도

국민의용대 조직과 의용병역법 시행대상지역은 일본 본토에 국한되지 않았다. 식민지 조선도 대상 지역이었다. 부록에 수록한 법 조문을 살펴보면, '충량한 신민'이 '용분 정신'의 마음으로 '황토를 방위'해 '국위를 발양'하도록 하기 위해 의용병역법 제1조에 따라 제국신민은 현행 병역법 이외에 새로운 병역(의용병역)을 지도록 했기 때문이다.

1945년 당시 조선에서 발간된 일간지는 민간지를 찾을 수 없었다. 조선총독부 기관지인 매일신보(국한문)와 경성일보(일문)뿐이었다. 창간 당시부터 조선총독부 정책 선전과 홍보 역할을 하던 기관지가 일본이 아시아태평양전쟁을 치르던 시기에 어떤 방향의 기사를 게재했는지는 짐작할 수 있다. 이 책 부록에 수록한 신문기사 256건의 내용에서 다시 한 번 확인할 뿐이다.

매일신보와 경성일보는 국민의용대 제도와 의용병역법에 대해 상세히 보도했고 사설과 논설은 물론 '사고社告'와 캠페인 기사

등을 다양하게 실었다. 언론기사의 대부분은 국민의용대 선전과 역할에 대한 의미 부여였다. 기사내용대로라면, 당시 한반도는 국민의용대와 의용병 깃발아래 모인 2천 6백만 민중들이 모두 한 마음 한 뜻으로 조선과 일본을 지키려는 결의로 넘쳐 흐르는 곳이었다.

그러나 실제로 당시 식민지 조선 민중들에게 '의용대'나 '의용병'은 큰 관심 대상이 아니었다. 앞에서 언급한 바와 같이 일본 본토에서도 국민의용대는 조직 구성 자체에 의미가 있었던 제도였다. 실제로 매일신보에 첫 기사인 3월 26일부터 마지막 기사인 8월 13일까지 국민의용대 기사는 여전히 조직 구성에 머물렀다. 8월 13일에 훈련요강을 발표하고 훈련을 시작하기도 전에 일본은 항복했다. 조선 민중들이 국민의용대가 무엇인지도 모르는 상황에서 종료된 셈이다.

1945년 조선총독부가 국민의용대 조직을 지역과 직역별로 구성할 당시 미쓰비시(三菱)제강(주) 인천제작소에 기술자(기계검사공)로 근무했던 스물 두 살 청년 송백진(宋百鎭, 1923년 경기도 화성군 출생, 향토사학자)은 "의용대는 들어본 적도 없"다고 했다. "다들 모내기하랴 농사일 하고, 공장에서 일하느라 바빠서 미군 쌕쌕이가 와도 방공호에 숨을 새도 없었"던 시절에 의용대란 생뚱맞은 소리라는 것이다.[55] 당시를 살았던 민중들 가운데 의용대의 경험을 떠올리는 이들을 찾기란 쉽지 않다. 이런

55) 송백진 구술기록(서울시 강동구 암사동 자택, 2016년 8월 23일 제1차 구술, 9월 2일 제2차 구술)

상황에서 국민의용대란 식민지 조선 민중들에게는 먼 세상 이야기였을 것이다.

이 같이 식민지 조선 민중들에게 국민의용대는 흔적을 찾기 어려운 '역사'이다. 그러나 문헌자료에서는 '전국 단위로 조직되고 운영'된 제도로 남아있다. '언설로 남은 제도'의 한 사례일 수 있다. 이러한 간극은 추후 연구를 통해 메꾸어나가야 할 과제이다. 이 장에서는 식민지 조선의 신문기사에 투영된 '국민의용대 제도'의 존재를 드러냄으로써 추후 간극을 메꾸어가려는 이들에게 작은 보탬이 되고자 한다.

▣ 식민지 조선, 생산방위 전열에 동참하라

일본정부가 국민의용대 조직에 관해 각의결정을 내렸다는 소식은 3월 26일 매일신보 1면 기사를 통해 식민지 조선에도 알려졌다. 매일신보는 도쿄발로 각의결정 내용을 설명하며, '총무장의 투혼 앙양 – 대동아해방에 돌진하라'는 논설을 실었다. 논설에서 언급한 '총무장'은 '생산증강에 국토방위에 매진'하는 논조였으므로 대본영이 작성한「1945년 중기를 목표로 한 전쟁지도복안」에서 명시한 '총무장 – 실제武裝 –'보다는 오다치 내무상의 입장 – 직접 무기를 잡는 것이 아닌, 넓은 의미의 총무장 – 에 가까웠다. 이 점은 6월 17일자 '마음을 총무장'이라는 매일신보 기사제목에서도 알 수 있다.[56] 물론 '국민의용대가 어떠한 길을 걸어야 할 것인가를 두고 민간층의 의견'을 소개한 매일신보 5월 25일자 기사에서 '전 국민이 육탄肉彈으로' 나서야 한다는 의견도 있지만, 큰 틀은 '분산된 총력을 결집'해 '생산과 방위를 일체화'하는 방향이었다. 당시 상황에서 '현실적인 방안'으로 제시한 것은 '생산과 방위'였고, '군 활동의 기초'이기는 하지만 '의용대의 당면 목적은 증산'이었다.[57]

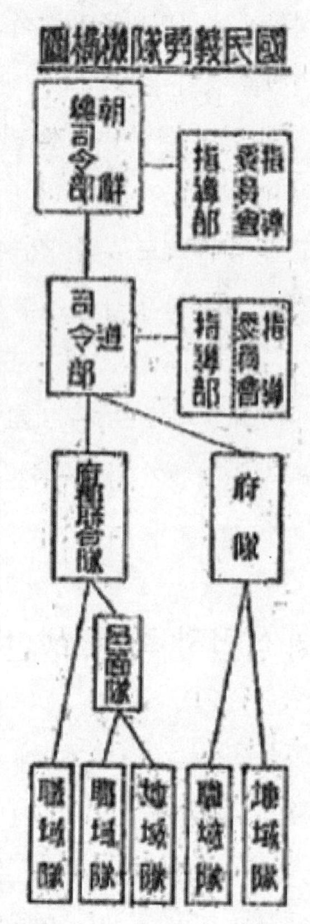

그림 14 경성일보 1945년 6월 17일자 조직도

3월 26일자 매일신보 국민의용대 첫 기사 이후 일본의 국민의용대 조직에 관한 보도로 이어지다가 조선에 적용을 언급한 기사는 5월 23일자 도쿄 출장을 마치고 귀경 중이던 엔도(遠藤) 정무총감 담화이다. 21일 언론을 대상으로 엔도 총감은 '총력전 수행을 위한 물자 생산과

56) 매일신보 1945년 3월 26일자 '전국민 호국첨병에 국민의용대를 조직', '총무장의 투혼 앙양'; 6월 17일자 '마음을 총무장'

57) 매일신보 1945년 5월 25일자 '국민의용대로 일억무장'; 6월 2일자 '생산방위에 전력하자'; 6월 26일자 '의용대의 당면목적은 증산'; 경성일보 1945년 6월 25일자 '본토결전의 기초'

수송의 중요성'과 '외지에서도 획기적인 조치'가 필요함을 언급했다. 경성일보는 '의용대도 이윽고 제정'된다는 제목을 달아 조선에서 의용대 조직 구성이 임박했음을 강조했다.[58]

매일신보는 의용대 조직 제정에 즈음한 논설 성격의 기사에서 '오키나와 결전은 온 국민의 관심과 초점이지만 오키나와에서 패배한다 해도 우리가 전쟁의욕을 버리고 손을 들리는 만무'하고, '오키나와 결전을 태평양전쟁의 최종 결전지로 속단하지 말고' '오키나와에서 패전한다 해서 본토가 전쟁터가 될 것이라 공포를 느낄 국민은 없을 것'이라 전제하고, 조선의 '2천 6백만이 모두 황도皇都를 지킬 의용대'이므로 '군을 신뢰하고 관의 지도를 받아 본토 전쟁화에 대처하자'고 호소했다.[59] 의용대가 국민조직임을 강조한 내용이다.

'이달 말까지 완료'된다는 국민의용대 전국 조직은 '실정과 민의를 존중'한 '신중한 준비'를 위해 7월 10일로 변경되었고, 7월 7일에 조선총사령부가 8일에 연합의용대가 결성되었다.[60]

조선총사령부 발족에 즈음한 7월 7일, 아베(阿部) 총독은 방송과 신문지상을 통해 '생산과 방위에 총력을 기하라'는 취지의 유고諭告를 발표했고, 엔도 총사령관도 7일의 담화와 8일 방송을 통해 전 조선에 총독 유고의 의미를 다시 한 번 강조했다. 고

58) 경성일보 1945년 5월 23일자 '의용대도 이윽고 제정'; 매일신보 1945년 5월 23일자 '의용대를 조직 조선방위태세강화'

59) 매일신보 1945년 5월 31일자 '본토 전장화에 총립, 2천6백만이 의용대로'

60) 경성일보 1945년 5월 25일자 '이달 말까지 완료'; 7월 7일자 '조선총사령부 오늘 본부에서 결성식'; 7월 8일자 '국민의용대조선총사령부 결성'; 매일신보 6월 23일자 '래 10일까지엔 완료'; 7월 7일자 '의용대 총사령부'; 7월 8일자 '의용대 총사령부 진발'

즈키(上月)조선군총사령관도 7일에 '의용대에 기대'를 담은 담화를 발표했다.[61)]

6월 16일에 일본 내각 논의를 거쳐 확정된 국민의용대조직 요강을 조선총독부가 발표하면서 조선에 설치될 국민의용대 조직의 틀이 마련되었다. 요강에 따르면, 본부인 조선총사령부 아래 도사령부와 부대·부군연합대를 두도록 했다. 이 요강에 따라 국민총력연맹과 대일본부인회 조선본부도 해소 절차에 들어갔다.[62)]

국민의용대 조선총사령부에서는 8월 4일에는 '의용대기'를 결정 배포했다. "수중에 있는 아무 것이나 흰 헝겊"에 '국민의용대**대'라고 쓰고 "장식이나 의장(儀裝) 같은 것도 전혀 무시"하며, "깃대도 대나무가 아니라 무방해 있는 대로"사용하도록 한 간편한 깃발이었다. 별도로 "모표帽標는 만들지 않도록" 했다.[63)]

▣ 국민의용대 제도 – 두 번째 단계, 의용병역법

6월 22일, 일본에서는 법률 제39호 의용병역법안이 공포 시행되었다. 국민조직인 의용대를 국민의용전투대로 전이할 수 있

---

61) 경성일보 1945년 7월 7일자 '의용대 진발에 대한 총독 유고, 생산 방위에 총력'; 7월 8일자 '告辭–아베총독', '승기는 지금 결연히 일어나'; 7월 9일자 '결단코 이기자 의용대 – 봉대일 상황에 총감 全鮮에 방송'; 매일신보 7월 7일자 '국민의용대의 진가를 발휘하라', '의용대에 기대'; 7월 9일자 '증산과 방위에 총력 감투조선 발양하라, 총독 전선 방송', '의용대 결성의 총독 유고의 관련하야'

62) 경성일보 1945년 6월 17일자 '한반도 황국호지로 총궐기, 국민의용대조직요강 발표되다'

63) 매일신보 1945년 8월 8일자 '의용대기 결정'

는 근거법이자 '제국 신민에게 새로운 병역을 지도록' 하는 법이었다. 의용병역 법안 제정에 대해 매일신보는 큰 관심을 보였다. 6월 11일 일본 임시의회에서 의용병역법안이 가결되자 11일과 14일 양일간 대대적으로 보도하고, 25일자로 시행령과 시행규칙, 의용병역법안 시행령과 시행규칙에 근거한 국민의용전투대 통솔령의 전문을 실고 내용과 의미를 상세히 보도했다.[64)]

매일신보는 의용병역법의 가장 큰 특징으로, 종래 병역법과 달리 '방송과 구두로 하는 신속한 소집 방식'을 꼽고, 법안이 공포 시행되자 사설과 해설을 실어 홍보했다. 29일자로 게재한 의용병역법해설에서는, 의용병역법의 특징이 '국민개병제'라는 점과 느슨한 조직이지만 '정신은 군대와 동일'하다는 점을 강조했다.[65)] 25일에 시행령과 시행규칙 제정이 완결되고 '제정에 즈음한 천황폐하의 상유上諭'가 발표되자 경성일보는 처음으로 의용병역법에 대해 보도함과 동시에 1면에 총 5건의 기사를 실어 내용을 상세히 보도하고 의미를 강조했다.[66)] 매일신보와 경성일보는 6월 27일에 의용병역법 시행령과 시행규칙에 근거해 일본에서 공포한 국민의용전투대교령과 국민의용전투대원 복장 급 급여령(매일신보만 게재)에 대해서도 전문을 실었다.[67)]

64)매일신보 1945년 6월 11일자 '의용병역법안'; 14일자 '방송구두로 소집령'; 17일자 '조선국민의용대 조직'; 25일자 '의용병역법 시행령', '의용병역법 시행규칙'. 이는 경성일보가 6월 22일 의용병역법안이 공포된 후 25일자로 보도한 것과 대비된다.

65)매일신보 1945년 6월 14일자 '방송 구두로 소집령 국민의용병역법안 가결'; 17일자 '사설-국민조직의 적전 재편성" 29일자 '의용병역법 해설'

66)경성일보 1945년 6월 25일자 '본토결전의 기초 국민의용대의 법적 조치 완료' '복역기간은 1개년 외지에는 특별 규정' '소집 대명자에 통첩' '지역 직역 등을 관칭' '장치 필승의 근기'

67)매일신보 1945년 6월 27일자 '신명바쳐 황토수호, 국민의용전투대교령 공포' '국민의용전투대원 복장 급 급여령 공포; 경성일보 '국민의용전투대교령'. 의용병역법 시행규칙은 일본에서 7

그러나 식민지 조선에서 의용병역법은 제정 공포에 의미를 둔 제도가 되었다. 국민의용병역 신청 접수 자체가 8월 말경부터 시작될 예정이었으므로 준비 단계에서 막을 내린 셈이다. 일본에서는 이미 신청절차가 진행되어 8월 3일까지 신청접수를 완료하도록 했으나 조선에서는 사법령 운용에 관한 협의 등 특별규정 제정 등 제도적 정비가 선행되어야 했으므로 신청 접수 일정이 지연된 것이다.[68)]

이러한 제도 마련에 따라 각지에서 국민의용대 결성식이나 국민의용대조직 준비위원회 개최 기사가 이어졌다. 그러나 패전에 임박한 8월 9일(지역 의용대 편성, 해군무관부 의용대 결성)까지 조직 결성이 진행되었고, 변변한 훈련 한번 할 기회도 없었다. 의용병 동원령 관련 기사는 단 한 번 있었으나 각 역에 쌓인 화물(滯貨)를 정리하는 역할에 그쳤다.[69)]

의용대 전원이 참가한 행사는 사열이나 대조봉대식, 조서봉독식이 유일했다. 8월 8일에 있었던 대조봉대식과 조서봉독식은 '조선군사령부의 지시'에 따라 '가가호호 국기를 달고' 전국의 직역과 특기대원 등 의용대원들이 참석한 행사였다. 신문에서는 '의용대원들이 전원 참석'했다고 보도했으나 평일(수요일)에 의용대원 전체가 참가했다는 것은 믿기 어렵다. 매일신보가 대조봉대식 행사 사진은 게재하지 않고 '대조봉대식을 맞아 발진'한 해

월 5일자로 제정공포되었다.
68) 경성일보 1945년 8월 4일자 '국민의용병역 신청 이윽고 접수를 개시'
69) 매일신보, 1945년 8월 3일자 '각역에 체화정리, 의용대원에 첫 동원령'

군부관부 의용대 사진을 게재한 점을 볼 때에도 실제 참석 규모는 크지 않았을 것으로 추정된다.[70)]

패전에 임박한 시기에도 국민의용대는 조직 단계에서 벗어나지 못했다. 8월 6일부터 시작된 히로시마와 나가사키에 대한 연합군의 원자폭탄 투하 이후 일본 본토가 극심한 상황에 빠진 상황에서 일본내각은 8월 12일에 운영방침을 변경하고 8월 13일에 국민의용대 훈련요강을 발표하는 혼란 속에 전쟁은 끝났고, 국민의용대 제도는 역사 속으로 사라졌다.

▣ 프로파간다로 일관한 국민의용대 제도 관련 신문 기사

부록에 수록한 256건의 신문 기사 내용 대다수는 국민의용대 제도에 대한 홍보와 선전이었고, 일정한 의도로 여론을 조작해 사람들의 판단이나 행동을 특정의 방향으로 이끌어 가기 위한 프로파간다(영어: propaganda, 러시아어: Пропаганда)였다. 프로파간다는 주로 신문 · 라디오 · 영화 · 텔레비전 등 미디어 매체에 의해 이루어지는데, 식민지 조선에서 가장 보급력이 높은 미디어 매체는 신문이었다.

70) 대조봉대식과 관련해서는 경성일보에서도 기사는 실었으나 행사 사진은 찾을 수 없다. 경성일보 1945년 8월 7일자 '첫 의용대 사열, 7일 8일 각 구별로'; 8월 8일자 '사설-의용대 최초의 대조봉대식'; 8월 8일자 '의용대 사열, 덕수궁에서'; 8월 9일자 '의용대 조서봉대식'; 매일신보 8월 9일자 '대조봉대식 전선 의용대에서 엄숙 거행', '해군부관부 발진'

그러나 대중의 입장에서 보면, 신문과 라디오는 여전히 접하기 먼 매체였다. 국한문신문은 당시 조선인의 문맹율이나 경제사정으로 볼 때 결코 대중적인 선전 수단은 될 수 없었다. 더구나 조선총독부 기관지였던 매일신보는 조선의 일반 대중이 선호하는 신문매체가 아니었다.[71] 라디오 보급문제는 더욱 심해서, 보급율이 낮은데다가 보급대상자 가운데 일본인의 비중이 높았고, 방송 편성에서도 일본어 비중이 높았다.[72] 그러므로 당국에서는 조선 민중을 대상으로 한 프로파간다의 매체를 흡입력이 매우 높은 영화를 선호했고, 가장 대중적인 선전수단으로 평가해 널리 활용했다.[73] 일제 말기 총동원체제기에 들어서는 조선영화주식회사를 설립해 기획부터 배급까지 일원화된 시스템으로 영화를 통제했다.

물론 영화도 접근성이 뛰어난 매체는 아니었다. 필름이 있어야하고 상영장소와 기자재가 필요했다. 한정된 공간에서 상영하므로 수용할 수 있는 인원도 매우 제한적이었고, 전력 문제가 해결되어야 했다. 그럼에도 총독부 관리는 1940년 당시 조선 전체의 정식 영화관을 찾은 유료관객이 약 1,350만명을 넘

71) 1944년 9월 기준 조선인의 신문 구독율은 66.5명당 1부에 불과했다.
72) 조선의 라디오 보급율은 1937년에 117,838(조선인 소지 40,257), 1939년 167,049(조선인 소지 76,059), 1941년 271,994(조선인 135,062), 1943년 295,033(조선인 154,960)으로 당시 조선인구와 비교해보면, 2%에 미치지 못할 정도이다. 宮田節子, 「조선민중의 중일전쟁관」, 『일제말기 파시즘과 한국사회』, 청아, 1988, 410쪽
73) 1900년경 한성전기회사에서 전차부설과 운영을 했던 미국인 콜브란과 보스트 윅이 전차승객을 끌기 위해 활동사진을 보여준 후 강제병합을 전후한 시기에 이토 히로부미가 체제선전과 조선인의 동화를 조장하기 위한 목적으로 활동사진을 적극적으로 활용했고, 3.1운동 이후에는 조선총독부 관방 문서과에 활동사진반을 설치하여 제작과 상영을 담당했다. 조성운, 『식민지 근대관광과 일본시찰』, 경인문화사, 2011, 336~337; 장두식, 「일상속의 영화」, 『근대한국의 일상생활과 미디어』, 민속원, 2008, 127쪽

어서고 있다는 점에 고무되어 '영화 활용'을 적극적으로 고려하기도 했다.[74)]

그러나 국민의용대제도의 경우에는 영화를 활용하기 어려웠다. 국민의용대제도가 급작스럽게 마련되면서 영화 제작을 할 여유가 없었으므로 영화콘텐츠를 마련하지 못했기 때문이다. 그러므로 국민의용대제도의 프로파간다 매체는 신문이 중심을 이루고 있었다.

신문기사가 주로 활용한 프로파간다는 총독과 정무총감 등 고위 당국자의 발언을 빌린 담화나 대담 등이었다.

대표적인 담화는 조선총사령부 발족에 즈음한 7월 7일, 아베(阿部) 총독이 방송과 신문지상을 통해 발표한 유고諭告이다. 내용은 "황국 1억 국민"이 국체와 본토를 지키기 위해 "국군國軍 일체로 매진하여 생산과 방위에 총력을 기하라"는 취지였다. 이 내용은 7일과 8일에 엔도 총사령관이 신문지상과 방송을 통한 담화에서 다시 한 번 강조되었다. 매일신보는 7일부터 9일까지 총독 유고 내용 전문을 상세히 보도하며, 윤치호 등 각계 유지의 결의를 연일 게재했다. 7일에 총독 유고에 즈음한 기사에서는 "오고야 말 본토결전"에 대비하기 위해 "반도 2천6백만 열화와 같은 필승의 신념"으로 조직한 의용대로 "총돌격의 태세를 정비"하게 되었다는 설명도 덧붙였다.[75)] 경성일보도 총독 유고에 즈음해 '

74) 이영재, 『제국일본의 조선영화』, 현실문화, 2008, 137쪽(정혜경, 「일제말기 매일신보의 방공정책 프로파간다 양상」, 『제국일본의 하늘과 방공, 동원1』, 선인, 2012, 208쪽 재인용)

75) 경성일보 1945년 7월 7일자 '의용대 진발에 대한 총독 유고, 생산 방위에 총력'; 7월 8일자 '告辭-아베총독', '승기는 지금 결연히 일어나'; 매일신보 7월 7일자 '국민의용대의 진가를 발휘하라'; 7월 8일자 '국군일체로 매진'; 7월 9일자 '증산과 방위에 총력 감투조선 발양하라, 총

의용대에 탄원'한 경성 거주 80세 일본인의 인터뷰를 실었다. 나라(奈良)현 출신으로 조선에서 토목업에 종사했던 고토(後藤)는 "일본 국민의 당연한 의무"를 지키며 '진지 구축이나 증산은 물론 적진 잠입활동도 불사不死하겠다'는 의지를 표명했다.[76)]

그러나 앞에서 언급한 바와 같이 일본 내각이나 군부에서도 국민의용대와 의용병 역할에 대한 입장과 방향이 확립되지 않은 상황이었으므로 조선총독부 고위당국자들이나 유지들의 언설은 선언적 내용에 그칠 수밖에 없었다.

그 외에 언론사 차원의 이벤트도 있었다. 경성일보는 7월 8일부터 14일까지 '국민의용대원의 결의'를 모집한다는 기사를 3회에 걸쳐 실고, 7월 25일에는 입선작을 발표했다. 당초 20일에 발표 예정이었으나 25일로 연기했다.[77)] 경성일보 기사에 의하면, 7월 15일까지 응모한 32,065편 가운데에서 강원도 춘천여학교 도리고에(鳥越强)의 작품을 입선작으로 선정하고 부상으로 1천원을 수여했다고 한다.[78)]

조선군 보도부도 국민의용대 선전에 관여했다. 조선군 보도부는 1938년 10월에 창설된 조선군사령부 보도부가 시원始原이다. 조선 주둔 일본군이 전시 조선사회의 언론과 여론을 통제하고 제반 정책을 '보도補導'하기 위해 만든 기구였으므로 프로파간다를 위한 조직이었다. 일본에서는 1919년 육군대신 다나카 기이치(

독 전선 방송', '의용대 결성의 총독 유고의 관련하야'

76) 경성일보 1945년 7월 9일자 '백발을 물들이고 80노구도 따른다'

77) 경성일보 1945년 7월 8일자 '국민의용대원의 결의 – 모집'; 11일자 '국민의용대원의 결의 – 모집'; 20일자 '社告-국민의용대원 결의 모집'

78) 경성일보 1945년 7월 25일자 '국민의용대 결의 입선 발표'

田中義一)의 적극적인 주장에 따라 육군성 신문반이라는 이름으로 탄생했다. 육군성 신문반은 1937년 11월 대본영 육군 보도부에 편입되었다가 1938년 8월 육군성 정보부로, 1940년 12월에 육군 보도부로 개칭되어 '전시기 거짓 전황 보도로 민간을 현혹했던 대본영 발표의 근원지' 역할을 했다. '조선군보도부업무편성 등에 관한 규정(1938.10.7)'에 의하면 조선군 보도부도 일본 육군성 보도부와 동일한 역할을 했다.[79)]

조선군 보도부는 6월 26일 국민의용대의 노래를 선정 발표했고(경성일보 1945년 6월 27일자), 7월 3일에는 매일신보 지상을 통해 '필승보'를 게재했다. '의용 총진군으로 적 공세를 반격하자'는 제목의 필승보는, 제목과 달리 오키나와 함락을 인정하고 미군의 조선과 일본본토 공격 가능성을 전제로 대응 자세를 촉구했다.

'필승보'는 미군에 의한 오키나와 함락을 "겨우 1375평방미터밖에 안 되는 오키나와에 8개 사단이나 투입했으나 아군의 피해는 1개 사단에 그쳤"고, 미군은 오키나와 작전을 통해 "일본 본토로 접근할수록 고전할 수 밖에 없다"는 교훈을 얻었으며, 미군은 "어리석게도 속은 것"이라 폄하했다. 그러나 '금후 조선과 일본 본토에 미칠 영향'에 대한 우려를 감추지 않고, 7월에 의용대를 중심으로 한 대응이 본토결전에서 중요함을 강조했다.

'필승보'가 발표된 사점은 오키나와의 일본 수비군이 전멸하

79) 상세한 내용은 조건, 「전시 총동원체제기 조선 주둔 일본군의 조선인 통제와 동원」, 동국대학교 사학과 박사학위논문, 2015, 62~105쪽 참조

고 오키나와가 함락된 직후이다. 미군은 1944년 10월 10일 오키나와를 공습한 후 1945년 4월 1일에 오키나와 본섬에 상륙했고, 6월 29일에 함락했다. 오키나와 함락은 본토 결전이 임박했음을 의미하므로 매우 급박한 상황이었다.

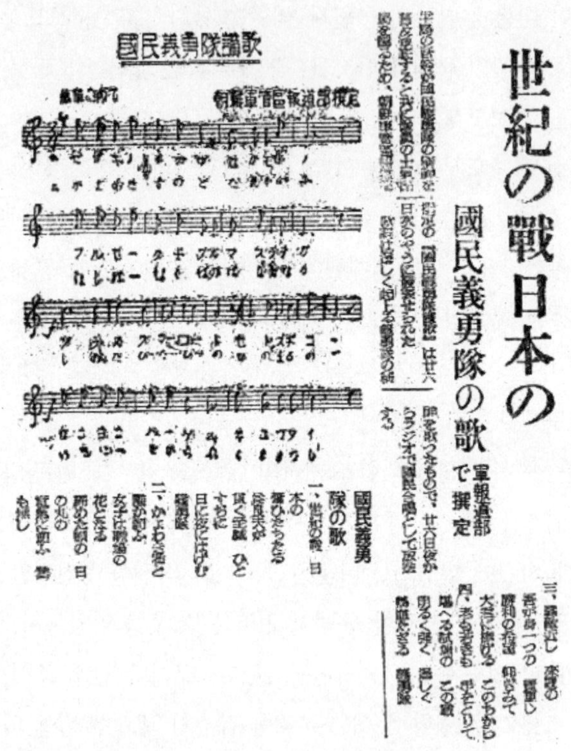

世紀の戰日本の
國民義勇隊の歌で撰定 軍報道部

國民義勇隊歌

國民義勇隊の歌

그림 15 경성일보 1945년 6월 27일자

이런 선전 기사만 보면, 당시 식민지 조선 전 민중의 의용대를 통한 항전 의지가 굳건한 듯 보일 수 있다. 그러나 언론기사를 통한 당국의 프로파간다는 이미 실효성을 잃은 상태라 판단된다. 의용대의 결의와 항전의지를 담은 기사를 실은 신문지면에는 'B29기의 래습來襲'과 '침습侵襲' 등 일본본토공습 관련 기사도 같이 실려 있었기 때문이다. 총독 유고가 발표된 7월 7일에 매일신보 1면에는 총독유고 기사와 함께 '구주九州에 전폭戰爆 2백기' 'P51 백기 래습' 기사가 자리하고 있었고, 8일자 1면에도 '의용대총사령부 진발' 기사 바로 아래에는 '갑부천엽甲府千葉에 2백기'와 'B29 백십기' '전폭연합이십기 구주 래습' 등등 일본 본토 공습 기사가 실렸다. 일본 본토 공습기사는 식민지 조선에 의용대 관련 기사가 게재되기 시작한 3월부터 줄곧 실린 기사였다.

또한 의용대가 전 조선에서 대조봉대식을 거행하며 '새 감격과 결의로 의용대론 최초 봉독식'을 거행했다는 기사가 2면에 실린 8월 8일자 매일신보 1면에는 '적 신형폭탄사용, 광도(廣島)시에 상당한 피해'라는 제목으로 연합군의 원자폭탄 투하 사실이 실렸고, '의용봉공의 새 맹세'를 다짐했다는 기사가 실린 8월 9일자 1면에는 '이李우공 전하'의 7일 히로시마 전사 비보가 실리기도 했다. 다음 날인 8월 10일에도 경성일보 2면에는 '의용대의 포부'가 실렸으나 1면 1단에는 '소군 돌여突如 월경'과 '북선요지北鮮要地 래습'이라는 제목의 속보와 '이우공 전하의 귀환' 기사가 실렸고, 매일신보 1면 1단 기사도 '소련군의 월경 공격, 북선北鮮에서 불법 월경'이었다.

'황토皇土'와 '신국神國' '신주神州'라 하던 일본 본토가 연일 연합군의 공습을 받고 있고 신형 폭탄이 일본 본토를 유린하고 이왕가

왕자의 목숨을 앗아갔으며, 소련군이 이미 한반도 북부 지방에 들어왔음을 보도하는 다급한 기사 앞에서 경성부연합의용대 부단장이 밝히는 '의용대와 포부'나 '결의'는 아무런 의미가 없었다.

또한 이미 1944년에 한반도 상공에 B29가 출현한 이후 식민지 조선 민중들 사이에서 일본 패전 가능성을 점치는 분위기가 일어나기 시작했고 이와 관련한 유언비어도 적극적으로 유포되었다. 1944년 가을부터 거의 매일 경성 상공에 나타나던 B29 편대를 바라보던 경성공업학교 재학생 이영희(李泳禧, 언론인)가 1945년 봄부터 봉래동 다리 옆에 있던 경성전기 자재창고와 삼청동 신축 건물에 나가 근로봉사하면서 자주 듣던 이야기도 '패전'이었다.[80]

미쓰비시제강(주) 인천제작소에 근무하던 스물 두 살 청년 송백진이 김포비행장 근로보국대를 자처하며 회사의 평양제강소 출장 지시를 피할 정도로, 조선인들에게도 일본의 항복은 멀지 않아 보였다. 송백진은 이전에 두 번 평양제강소에 출장을 다녔는데, 1944년 5월 두 번째 출장 당시에 이미 평양제강소가 있던 강서군 상공에는 사나흘이 멀다하고 B29가 날아다녔다. 그런데 일본 비행기가 접근도, 대항도 못하고 속수무책 보고만 있는 모습을 보고 일본 패배가 임박했다는 생각을 했다고 한다. 근로보국대에서 해제된 후에도 출근하지 않고 은거하던 송백진은 집에서 일왕 히로히토(裕仁)의 '항복 방송'을 들었다.[81]

80) 이영희, 『역정』, 창작과비평사, 1988, 74~87쪽
81) 송백진 구술기록(서울시 강동구 암사동 자택, 2016년 8월 23일 제1차 구술, 9월 2일 제2차 구술)

▣ '제도'로 남은 국민의용대

이같이 257건의 기사는 구체성이 부족하고 선언적 내용으로 가득했다. 이 내용을 통해 본 국민의용대 는 성격이 분명하지 않고, 식민지 조선 민중들과 무관한 '제도'였다.

일본의 상황도 크게 다르다고 보기 어렵다. 국민의용대에 관한 중앙 정부의 의도는 말단까지 전해지지 않았다. 조직은 만들었으나 실제 운용은 늦었고 활동도 다분히 의무적이었으며 대원의 자각도 희박해서 '민의의 발동'은 도저히 이루어질 수 없는 상태였다. 의용대의 첫 번째 의무는 직임완수였지만 직을 갖지 않은 자들이 편성된 각지의 의용대에서는 두 번째 의무인 출동(근로봉사)의 의무 정도밖에 없었다. 직역에서는 의용대 조직화로 인해 증산의 효과는 없었고 오히려 생산에 지장을 초래하기까지 했다. 의용대의 첫 번째 의무는 전투대로 전이하지 않는 한 의미가 없었다.[82]

일본 군부가 구상한 국민조직은, 일반 국민을 직접 전투나 후방 지원 등에 투입시키는 문자 그대로 전투조직이었고, 이를 실현하기 위해 국민의용전투대를 신설했다. 국민의용전투대는 의용병이라는 군인을 구성원으로 한 군의 한 부대였다. 노유자나 여자를 포함한 의용병은 일반군인과 마찬가지의 영예와 책무를 부여받은 제국군인인 것이다. 한편에서 국민의용전투대는 국민조직을 이용하지 않으면 편성될 수 없는 부대였다. 그러므로, 의

82) 中山知華子, 「國民義勇隊と國民義勇戰鬪隊」, 『立命館平和研究』1, 2000, 76쪽

용병은 군인이면서 생산인이기도 했다. 전투 행위와 생산 활동을 구별할 수 없는 단계에서 이 부대는 정규군의 현지자활과 다른, 생산인 자신의 '자활자전自活自戰[83]'의 조직이었다. 일본의 국민의용대 사례를 연구한 나카야마는 '패전에 임박한 국민의용대와 전투대는 일본 군부가 전투력의 절대적 부족과 국력의 절망화라는 양상에 직면해 책임을 방기한 조직'이었다고 평가했다.[84]

일본에서나 조선에서나 국민의용대는 '제도'로서 남은 '역사'였다.

---

83) 朝日신문 1945년 7월 3일자

84) 中山知華子, 「國民義勇隊と國民義勇戰鬪隊」, 『立命館平和硏究』1, 2000, 76쪽

3장 부록

▣ 관련 주요 연표

1931.9.18 일본, 만주 침략 개시
1937.7.7 일본, 중국 베이징(北京) 침공(중일전쟁 발발)
1937.8 만주국, 만주협화봉공대 창설
1938.2 만주국, 국가총동원법 제정 공포
1938.4.1 일본, 국가총동원법 제정 공포
1938.5.5 일본, 국가총동원법 시행
1939.9.1 독일, 폴란드 침공(제2차 세계대전 발발)
1941.12.8 일본, 미국 하와이 진주만 공격(태평양전쟁 발발)
1942.4.19 미군, 일본 본토 최초 공습(도쿄, 나고야, 고베 등)
1942.5.27 만주국 국무원회의, 국민근로봉공제창설요강 결정
1942.6.7 일본, 미드웨이 해전 패전
1942.7.2 만주국, 국민근로봉공사선정 요강 발표

1942.11.18 만주국, 만주국민근로봉공법, 국민근로봉공대편성령 공포

1944.6.19 일본, 마리아나 해전 패전

1944.7.7 미군, 사이판 점령

1944.8.1 미군, 티니안 점령

1944.8.10 미군, 오가사와라(小笠原) 폭격

1944.8.15 일본, 각의결정「총동원경비요강」

1944.11.11 미군, 일본 본토 공습 개시. 일본, 육군성「연안경비계획설정상 기준」작성

1945.2.29 미군, 이오지마(硫黄島) 상륙(3.17 함락)

1945.3.10 미군, 도쿄대공습 *사망자 10만명 발생

1945.3.23 일본, 각의결정「국민의용대 조직에 관한 건」

1945.3.24 일본, 각의결정 내용 발표

1945.4.13 일본, 각의결정「국민의용대 조직에 관한 건」,「상세급박한 경우에 따른 국민전투조직에 관한 건」

1945.4.27 일본, 각의결정「국민의용대 조직 운영지도에 관한 건」

1945.4.30 일본, 내무성 요강 하달(국민의용대조직에 관한 요강)

1945.6.11 일본, 임시의회에서「의용병역법」제정

1945.6.16 조선, 조선총독부가 국민의용대 조직 요강 발표

1945.6.22 일본,「의용병역법」과「의용병역법 시행령」공포

1945.6.23 일본,「국민의용전투대 통솔령」제정 공포

1945.6.24 일본,「국민의용전투대 교령」제정 공포

1945.6.26 조선, 조선군관구 보도부가 국민의용대의 노래 선

정 발표

1945.6.27 일본,「국민의용전투대원 복장 및 급여령」제정 공포

1945.6.29 미군, 오키나와(沖繩) 함락

1945.7.5 일본,「의용병역법 시행규칙」공포

1945.7.7 조선, 국민의용대 조선총사령부 결성

1945.7.8 조선, 국민의용대 연합의용대 결성

1945.7.23 일본, 철도의용전투대 편성하령 시행

1945.7.25 조선, 경성일보 주최 '국민의용대원의 결의'입선작 발표

1945.8.1 일본, 철도의용전투대 편성 완료, 선박의용전투대 발령. 남사할린, 가라후토(樺太)철도연합의용전투대 편성

1945.8.3 일본, 의용병역법에 의한 대상자 서류 신청 마감. 조선, 의용대 첫 동원령

1945.8.4 조선, 국민의용대 총사령부가 의용대기 결정 배포

1945.8.5 일본, 선박의용전투대 편성 완료(해군 소속), 선박구난전투대 편성하령 시행(해군 소속)

1945.8.6 미군, 일본 히로시마(廣島)에 원자폭탄 투하

1945.8.8 소련, 대일선전포고. 조선, 국민의용대조선총사령부 대조봉대식 참석

1945.8.9 미군, 일본 나가사키(長崎)에 원자폭탄 투하. 소련, 남사할린 진공. 조선, 지역의용대 편성, 해군무관부 의용대 결성

1945.8.12 일본, 국민의용대 운영 방침 변경

1945.8.13 조선, 국민의용대 훈련요강 발표. 남사할린, 의용소집과 의용전투대 편성 발령(제88사단 지휘 아래 편입)

1945.8.14 일본, 어전회의에서 포츠담선언 수락 결정

1945.8.15 일본, 종전 조서 발표

1945.8.21 일본, 각의에서 국민의용대와 국민의용전투대 폐지 결정

1945.9.2 연합국과 일본간 항복문서 조인. 일본, 국민의용대와 국민의용전투대 해산 *국민의용전투대는 패전 직후 이미 해산한 상태

1945.10.24 일본, 의용병역법 폐지

▣ 국민의용대 관련 매일신보 기사 목록(게재일순)

게재일	면	기사 제목
1945. 03. 26	1면	전국민 호국첨병에 국민의용대를 조직, 관민 유식자의 挺身 종용 – 각의 결정
1945. 03. 26	1면	총무장의 투혼 앙양 – 대동아해방에 돌진하라
1945. 03. 28	1면	군관민 혼연일체로 방위와 생산에 매진 – 고이소수상담
1945. 04. 03	1면	수상을 총사령으로 국민의용대 급속 결성
1945. 04. 15	1면	국민의용대
1945. 05. 23	1면	의용대를 조직 조선방위태세 강화
1945. 05. 23	1면	학도대 조직 생산방위에 정신
1945. 05. 23	2면	생산방위의 전열로 반도의 학원도 진군, 전면적으로 학도대 조직
1945. 05. 24	1면	황국안위는 정히 학도쌍견에 전재, 2천만 학도궐기의 훈령발포
1945. 05. 24	2면	교직원도 전열로, 학도와 함께 정신 수범
1945. 05. 25	2면	국민의용대로 일억 무장
1945. 05. 31	2면	본토 전장화의 총립, 2천6백만이 의용대로
1945. 05. 31	2면	남자는 방위전사로 부녀는 생산보급에–국민의용대결성 앞두고 궐기를 촉구
1945. 06. 02	1면	생산방위에 전력하자
1945. 06. 11	1면	의용병역법안
1945. 06. 14	1면	방송 구두로 소집령 국민의용병역법안 가결
1945. 06. 15	1면	만민익찬에 공헌, 대정익찬회 발전적 해산
1945. 06. 15	2면	본토결전의 전투대 국민의용병 임무와 의용대와 관계
1945. 06. 16	2면	반도총무장에 금일 국민의용대 결성 협의회
1945. 06. 16	2면	日婦 조선본부도
1945. 06. 17	1면	사설 – 국민조직의 적전 재편성
1945. 06. 17	1면	조선국민의용대 조직
1945. 06. 17	1면	조선의용대의 결성, 국민조직에 관한 일고찰

1945. 06. 17	1면	총력연맹 일부회 등 국민의용대에 합류
1945. 06. 17	1면	각계대표 일당 집회, 의용대 결성을 간담
1945. 06. 17	2면	마음을 총무장
1945. 06. 17	2면	병참보급정신 국민의용대 결성과 운영
1945. 06. 17	2면	학도부대 출동
1945. 06. 21	1면	생산과 방위의 총력 집결, 의용대의 본령 발휘
1945. 06. 21	1면	청장년의 분기 요망, 의용대 운영에 만전을 기하라
1945. 06. 21	2면	국민의용의 특기대
1945. 06. 23	1면	의용대 세목 작성 중
1945. 06. 23	2면	來10일까지엔 완료, 국민의용대 결성에 신중한 준비
1945. 06. 24	2면	도쿄도 국민의용대들 출동
1945. 06. 25	1면	優渥하온 上諭 - 황토방위를 御嘉尙 의용병역법 어제정에 하사
1945. 06. 25	1면	의용병역법 시행령
1945. 06. 25	1면	의용병역법 시행규칙
1945. 06. 25	1면	국민의용전투대통솔령
1945. 06. 26	2면	의용대의 당면목적은 증산
1945. 06. 27	1면	신명바쳐 황토수호, 국민의용전투대교령 공포
1945. 06. 27	1면	국민의용전투대원 복장 급 급여령 공포
1945. 06. 27	2면	황토수호의 대임에 나가자 국민의용대
1945. 06. 27	2면	국민의용대결성준비위원회 개최
1945. 06. 29	1면	의용병역법해설, 정신은 군대와 동일
1945. 06. 29	2면	반도학도대 결성
1945. 07. 01	2면	의용대와 방공에 살리라 沖繩 전훈
1945. 07. 01	2면	의용대 양성에는
1945. 07. 01	2면	국민의용대조직 준비위원회 개최
1945. 07. 02	2면	실정과 민의를 존중, 국민의용대 초순까지 결성 완료
1945. 07. 02	2면	국민의용대 결성
1945. 07. 02	2면	전남도 결성 준비
1945. 07. 03	1면	필승보, 의용 총진군으로 적공세를 반격하자(조선군관구 보도부 제공)
1945. 07. 03	2면	국민의용대, 평소의 본무는 증산, 시급히 결성 전장정신으로 挺身하라

1945. 07. 04	2면	대경성의용대 進發, 7일 결의표명대회 8일 연합결성식
1945. 07. 05	2면	경성의용대 進發, 래8일에 연합결성식
1945. 07. 07	1면	국민의용대의 진가를 발휘하라, 7일 아베총독유고 발포
1945. 07. 07	2면	의용대총사령부
1945. 07. 07	2면	5일 본사 국민의용대 결성식
1945. 07. 07	2면	부청 의용대도 결성
1945. 07. 08	1면	사설-국민의용대 총본영 발족
1945. 07. 08	1면	의용대 총사령부 진발, 총사령에 엔도 총감
1945. 07. 08	1면	국군일체로 매진-총독 告辭
1945. 07. 08	1면	적멸의 투혼 진기 사명완수에 노력, 총사령 인사
1945. 07. 08	1면	의용대에 기대, 上月군사령관 담
1945. 07. 08	1면	총사령부 역원
1945. 07. 08	2면	결전 반도의 전위, 총독부 의용대 결성
1945. 07. 08	2면	경기도사령부 진용
1945. 07. 08	2면	선서-국민의용대조선사령관
1945. 07. 08	2면	벽성국민의용대 8일 일제 신발족
1945. 07. 08	2면	국민의용대 결성
1945. 07. 08	2면	봉고제와 선서식
1945. 07. 09	1면	증산과 방위에 총력 감투조선 발양하라, 국민의용대 정신을 강조, 총독 全鮮방송
1945. 07. 09	1면	군민일체로 의용궐기 적을 선제하자
1945. 07. 09	2면	의용대결성의 대호령을 밧고
1945. 07. 09	2면	의용심으로 挺身 중대사명완수에 전력
1945. 07. 09	2면	의용대결성의 총독유고의 관련하야, 필승에 총력을 결집 황민전통을 발휘하라(엔도총사령)
1945. 07. 10	2면	경성부국민의용대연합 결성
1945. 07. 10	2면	중서 - 도국민의용대결성식
1945. 07. 10	2면	싸워나갈 각오이다
1945. 07. 10	2면	군연합대 결성식
1945. 07. 10	2면	안양국민의용대결성 준비위원회
1945. 07. 11	1면	사설 - 총력연맹의 발전적 해산
1945. 07. 11	1면	증산 방위 二목적에 체득한 열의를 경주, 연맹해산식 아베총독 인사요지

1945. 07. 11	2면	승리로 비약의 연맹
1945. 07. 11	2면	안양국민의용대 결성
1945. 07. 11	2면	신천읍 국민의용대
1945. 07. 12	2면	日婦 해산식
1945. 07. 13	2면	우리 의용대의 진로
1945. 07. 13	2면	각지 의용대 결성
1945. 07. 14	2면	9만 부민을 일환으로, 해주부 국민의용대 결성식 거행
1945. 07. 14	2면	총력도연맹 해산식을 거행
1945. 07. 14	2면	국민의용대 결성식
1945. 07. 14	2면	국민의용대 연합의용대 결성식
1945. 07. 14	2면	교통국 국민의용대 결성
1945. 07. 14	2면	총독부 의용대 훈련을 실시
1945. 07. 19	2면	국민의용대 대강연회-본토결전 舌鋒陣, 전선에 언론전사 파견
1945. 07. 19	2면	경기도의용대사령부 제1회 지도위원회
1945. 07. 21	2면	국민의용대 결성
1945. 07. 23	2면	의용대취지를 철저 선전
1945. 07. 23	2면	日婦 해산식 25일에
1945. 07. 23	2면	나가자 의용대
1945. 07. 23	2면	국민의용대 주지 철저 이해책 강구
1945. 07. 25	1면	철도전투대(도쿄발)
1945. 07. 25	2면	총사령부 첫 회동, 28일 의용대위원고문참여위회의
1945. 07. 25	2면	국민의용대 결성
1945. 07. 26	2면	日婦 해산기념 각분회기금헌납
1945. 07. 26	2면	읍면국민의용대 총궐기대회 개최
1945. 07. 26	2면	황해도 학도대 31일 결성식
1945. 07. 29	1면	의용대의 총훈련
1945. 07. 29	2면	반도국민의용대에 필승진군의 대호령, 총사령부서 훈련실시4항목 결정
1945. 07. 30	2면	의용전투대의 질
1945. 07. 30	2면	기관지와 정기 방송, 의용대 총사령부에서 준비
1945. 08. 01	2면	개최순서는 종래와 불변, 의용대 진발 후 첫 반상회

1945. 08. 01	2면	국민의용대 지도자 연성
1945. 08. 01	2면	황해도 국민의용대
1945. 08. 02	2면	국민의용대원들의 나가야할 길
1945. 08. 02	2면	의용대 황해도학도대
1945. 08. 02	2면	醜敵 격멸을 굿게 맹세, 학도궐기추진간담회 개최
1945. 08. 03	1면	철도의용대 발족(도쿄발)
1945. 08. 03	2면	출동에 무리가 없게, 불원 국민의용대에 국민동원명령
1945. 08. 03	2면	각 역에 滯貨정리, 의용대원에 첫 동원령
1945. 08. 04	2면	직역 지역 특기대별로, 8일 詔書봉독식, 의용대 총사령부서 요강 통첩
1945. 08. 04	2면	첫 간부간담회 의용대 상하 연락, 4일 개최
1945. 08. 05	2면	5항목의 실시를 명령, 도사령부에서 부군의용대에
1945. 08. 05	2면	연합의용대, 방공태세를 강화
1945. 08. 05	2면	부인의용대 편성
1945. 08. 05	2면	지역국민대 시열식
1945. 08. 06	2면	의용대결성의 기념 헌익
1945. 08. 08	2면	새 감격과 결의로, 의용대론 최초 봉독식, 오늘은 대조봉대일
1945. 08. 08	2면	의용대기 결정
1945. 08. 08	2면	식량 등 戰力源을 적극 배양, 산업개발에 일층 노력하라, 엔도정무총감 기자단회견단
1945. 08. 09	2면	의용봉공의 새 맹세, 대조봉대식 全鮮 의용대에서 엄숙 거행
1945. 08. 09	2면	부 의용대 편성
1945. 08. 09	2면	해군무관부 의용대 발진
1945. 08. 12	2면	의용대훈련요강 제정
1945. 08. 12	2면	의용대 운영협의회, 1부3군 연합으로
1945. 08. 12	2면	의용대지도위원회, 금년도 운영대강 결정
1945. 08. 13	1면	의용대 진용 내각서 관장, 민간서도 순열을 임명키로 결정(도쿄발)
1945. 08. 13	2면	소속과 운영에 새 규정, 국민의용대 직역대의 조직
1945. 08. 13	2면	국민의용대훈련요강, 충북도 사령부에서 결정 발표
1945. 08. 13	2면	의용대 간부훈련

▣ 국민의용대 관련 경성일보 기사 목록(게재일순)

게재일	면	기사 제목
1945. 05. 23	1면	의용대도 이윽고 제정, 결전 반도의 대비에 만전, 總監談
1945. 05. 25	1면	이달 말까지 완료, 국민의용대지방조직
1945. 05. 25	2면	본사에서 좌담회, 탄생된 국민의용대
1945. 05. 31	1면	국민의용대에 기대한다, 본사주최 좌담회 3
1945. 06. 17	1면	사설 – 나가자 국민의용대
1945. 06. 17	1면	한반도 황국호지로 총궐기, 국민의용대조직요강 발표되다 – 지역,직역의 양 조직, 화급시에는 전투대로, 연맹 등은 해소 합류
1945. 06. 17	1면	본부에 조선총사령부
1945. 06. 17	1면	핵심적 활동을 기대
1945. 06. 17	1면	전 직원 직임을 사수
1945. 06. 17	2면	반도의 국민의용대 – 애국반은 존속, 전투시는 군의 지휘 아래
1945. 06. 17	2면	지금이야말로 황국 호지
1945. 06. 17	2면	연맹 회고 5개년
1945. 06. 17	2면	싸우는 생활을 확립
1945. 06. 21	1면	국민의용대에 寄하다
1945. 06. 21	1면	근본정신의 강력 실천
1945. 06. 21	2면	총독도 나도 일선으로
1945. 06. 25	1면	본토결전의 기초, 국민의용대의 법적조치완료
1945. 06. 25	1면	복역기간은 1개년, 외지에는 특별 규정
1945. 06. 25	1면	소집 待命者에 통첩
1945. 06. 25	1면	지역 직역 등을 관칭
1945. 06. 25	1면	장차 필승의 근기
1945. 06. 26	1면	의용대 전투의 운영
1945. 06. 26	1면	혼백, 필승전에 馳參 – 반도최고지휘관 결별의 辭
1945. 06. 26	1면	군활동의기초, 전반도의용병의분기요망

1945. 06. 27	1면	방위생산에 사력 - 스즈키수상 방송
1945. 06. 27	1면	국민의용전투대교령 - 향당 직역 서로 연결해 침습의 적 격멸
1945. 06. 27	2면	세기의 戰 일본의, 국민의용대의 노래 - 군보도부에서 선정
1945. 06. 27	2면	부민 7월의 실천- 우리야말로 의용의 첨병
1945. 06. 29	2면	국민의용대, 용산구에서 협의회
1945. 06. 30	1면	京日 국민의용대, 29일 결성식 개최
1945. 06. 30	2면	오히려 금후에 기대하는 여성운동 - 의용대결성에 倉武일부총장이 격려
1945. 07. 01	1면	반도학도대를 조직, 대장에 정무총감, 7월 하순까지 완료
1945. 07. 01	1면	국민의용대의 결의 모집
1945. 07. 01	2면	형태는 실정에 即應 - 경성부에서는 구, 그 외는 읍면이 단위
1945. 07. 03	2면	일어나는 국민의용대 - 敵擊攘으로 대진군
1945. 07. 04	2면	국민의용대 지도자의 소리
1945. 07. 04	2면	중대장에 町회장
1945. 07. 06	1면	의용대 총사령부, 7일 결성식 거행
1945. 07. 07	1면	애국의 至誠을 응집, 의용대진발에 대한 총독 유고 - 생산, 방위에 총력
1945. 07. 07	1면	조선총사령부, 오늘 본부에서 결성식
1945. 07. 07	1면	사설-총독의 유고
1945. 07. 08	1면	국민의용대조선총사령부 결성, 철벽진 이루다, 총사령에 엔도정무총감
1945. 07. 08	1면	사설 - 대원의 悲願
1945. 07. 08	1면	告辭 - 아베 총독
1945. 07. 08	1면	조선총독부의용대 결성식
1945. 07. 08	1면	민 열성의 결정체
1945. 07. 08	1면	도사령부 결성식
1945. 07. 08	1면	도청 직역대 결성
1945. 07. 08	1면	국민총력연맹 10일 해산식
1945. 07. 08	2면	의용대조직결의 표명대회

1945. 07. 08	2면	승기는 지금 결연히 일어나, 의용대결성에 즈음해 아베총독방송
1945. 07. 08	2면	국민의용대원의 결의 – 모집
1945. 07. 08	2면	의용대에 힘을 다하자
1945. 07. 09	2면	적 격양을 향한 백만부민 – 구연합의용대 당당 진발
1945. 07. 09	2면	조선국민의용대일람표
1945. 07. 09	2면	총력 황토를 방위
1945. 07. 09	2면	80노구도 따르다
1945. 07. 09	2면	결단코 이기자 의용대 – 봉대일 常會에 총감, 全鮮에 방송
1945. 07. 10	1면	사설 – 의용대의 지도자
1945. 07. 10	1면	국민총력연맹 성명서 – 전 성과를 걸고 투입
1945. 07. 10	2면	직역과 특기의 병렬 조직
1945. 07. 10	2면	경성부연합의용대 역원 결의하다
1945. 07. 11	1면	총력연맹 해산식 – 열분 노력을 응집
1945. 07. 11	1면	日婦에서도 해산식
1945. 07. 11	2면	국민의용대원의 결의 – 모집
1945. 07. 12	2면	어제부터 개점 – 국민의용대 조선총사령부
1945. 07. 13	2면	실천력있는 청년 나서자, 의용대의 활동 – 도시는 직역대 중심
1945. 07. 14	1면	국민의용대원의 결의 – 모집
1945. 07. 14	2면	교통의용대를 결성 – 특기대, 직역의용대도 동시에
1945. 07. 14	2면	본부의용대 훈련요강 결정
1945. 07. 15	1면	국민의용대원의 결의 – 모집
1945. 07. 17	2면	의용대, 차장에게 듣다 – 정신훈련이 근기, 실천력을 발휘, 독자의 전투태세, 군관민 일체
1945. 07. 19	2면	정 총대가 중대장을 전임
1945. 07. 19	2면	운영대 운영을 익히다
1945. 07. 20	2면	社告 – 국민의용대원 결의 모집
1945. 07. 21	2면	서둘러 직역의용대 결성, 30일까지 서류제출하면 지역 편입
1945. 07. 21	2면	총독부 의용대 첫 훈련
1945. 07. 25	1면	첫 의용전투대 철도에 편성하령, 작전수송을 철저 강화

1945. 07. 25	1면	체신 등도 머지않아 편성
1945. 07. 25	2면	국민의용대 결의 입선 발표
1945. 07. 25	2면	국민의용대 운영 - 전쟁 一本에 직결. 출근시 경비는 수익자 부담
1945. 07. 25	2면	구체방안을 評定, 의용대총사령부 제1회지도위원회
1945. 07. 27	2면	의용전투대 지도원 양성
1945. 07. 29	1면	의용대의 활동방책, 매월 8일을 중심으로 地,職域에서 총훈련
1945. 07. 29	1면	실천행동이 생명, 자발적 정신에 철저하자 - 총사령 인사말
1945. 07. 29	1면	**員을 추가
1945. 07. 30	2면	대장의 지휘로 봉대식, 매월 8일과 의용대실시요강
1945. 07. 31	2면	도의용 소운반대 본부를 설치
1945. 08. 01	1면	선박대에 전투대 편성하령
1945. 08. 01	2면	징병제 공포 2주년, 격적의 결의 새로운 의용대 전열로 거향일치
1945. 08. 02	2면	의용대여 과감히 행동
1945. 08. 03	1면	목표는 단결의 강화, 국민의용대훈련요강 결정
1945. 08. 03	1면	직역전투대야말로 최후적 근로조직
1945. 08. 04	1면	국민의용병역신청, 이윽고 접수를 개시 - 남자 15세 이상 60세까지
1945. 08. 05	1면	선박구난 전투대 편성하령
1945. 08. 05	2면	이윽고 근로정신대를 편성, 의용대의 본령 발휘
1945. 08. 05	2면	8일의 봉대식
1945. 08. 05	2면	익히는 투혼과 실력, 남녀청년을 훈련 - 실시 요강
1945. 08. 05	2면	첫 의용대호를 헌납
1945. 08. 07	1면	국민의용대원의 결의
1945. 08. 07	1면	億일심 전승완수로, 핵심은 맹세한 3항목 실천
1945. 08. 07	2면	첫 의용대 사열, 7일 8일 각 구별로
1945. 08. 08	1면	사설-의용대 최초의 대조봉대식
1945. 08. 08	1면	국민의용대원의 결의
1945. 08. 08	2면	의용대 최초의 대조봉대식 - 우리 총력을 雷發
1945. 08. 08	2면	의용대 사열, 덕수궁광장에서

1945. 08. 08	2면	의용대간부의 군대 교육
1945. 08. 09	2면	의용대의 포부
1945. 08. 09	2면	의용대의 전투훈련, 鄕軍은 지역대에 협력
1945. 08. 09	2면	의용대 조서봉대식
1945. 08. 09	2면	의용대 사열 제2일
1945. 08. 10	2면	의용대의 근로출동, 직역대는 별개로
1945. 08. 10	2면	학도대 운영에 만전
1945. 08. 10	2면	의용대의 포부
1945. 08. 12	1면	국민의용대 운영 내각에서 관장, 민간인도 순열에 등용
1945. 08. 13	2면	이 사태는 당연, 의용대여 지금이야말로

▣ 신문기사 원본

매일신보 수록 기사(게재일 순서)

全國民護國尖兵에
國民義勇隊를 組織
官民有識者의 挺身慫慂

閣議決定

國民義勇隊組織에 關한件

一、目的

二、組織

三、運用

總武裝의 鬪魂昂揚

大東亞解放에 突進하라

軍官民渾然一體로
防衛와生産에邁進

議會終了後 小磯首相談

首相을 總司令으로
國民義勇隊急速結成

[illegible]

國民義勇隊

情勢따라戰鬪組織轉移

義勇隊를組織

朝鮮防衛態勢强化

東上中의 遠藤總監談

學徒隊組織

生産防衛等에 挺身

農業出身勞務者

永久歸農決定

生産、防衛의戰列로 半島의學園도進軍

全面的으로學徒隊組織

理工系卒業生 使用統制變更

戰死한어느卒業狀

皇國安危는 正히
學徒雙肩에 專在

二千萬學徒蹶起의 訓令發布

文部省 訓令

[illegible]

教職員도 戰列로

學徒와 함께 挺身垂範

[illegible]

國民義勇隊로 一億武裝

分散된 總力을 結集

生產과 防衛를 一體化

伊藤明治氏 談

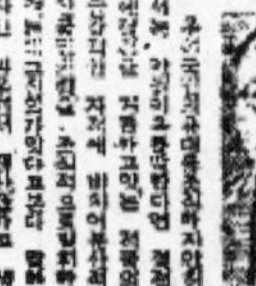

全國民이 肉彈으로

먼저 指導者에 必要한 反省과 果斷

松村紘一氏 談

(二) 昭和二十年五月三十一日 (木曜日) 매일신보

本土戰場化에總立

二千六百萬이義勇隊로

男子는防衛戰士로 婦女는生産補給에

國民義勇隊結成압두고蹶起를促求

生産防衛에全力하자

施設人員疎開急務

從來戰訓에비추어擊敵、增産確保

非現實的

生産施設

既存物資

防衛態勢

自己의힘

義勇兵役法案

男子는十五歲以上六十歲

女子는十七歲以上四十歲까지

地上戰空爆對應召集

義勇隊身分階級踏襲

放送、口頭로召集令

國民義勇兵役法案可決

法案全盤

義勇隊와의 關係

戰鬪隊編成의 時期、順序、方法

國民義勇兵의 身分任務

戰鬪隊의 訓練

命令系統確立

年齡其他

萬民翼贊에 貢獻

大政翼贊會發展的解散

今後의 奮鬪要望

鈴木總裁의 人事

鈴木總裁人事要旨

本土決戰의 戰鬪隊

國民義勇兵任務와 義勇隊와의 關係

(二) 昭和二十年六月十六日 (土曜日)

半島總武裝에

今日 國民義勇隊結成協議會

日婦朝鮮本部도 發展的解散과 發足키로

社說

國民組織의 敵前再編成

[illegible]

每日 皇紀二千六百五年 昭和二十年六月十七日 (日曜日)

每日新報

地域職域別로結成

總司令에政務總監

全半島決戰에總蹶起

朝鮮國民義勇隊組織

國民義勇隊組織要綱

第一 方針

第二 要領

國民義勇隊機構圖

[illegible]하야 各々指導部員(書記[illegible])
한다
(7) 指導部에 所屬職員(事務[illegible])
어 官民中에서 [illegible]令又는 [illegible]
令이 此를[illegible]한다
(8) 指導部는 [illegible]
[illegible]의 [illegible]과 [illegible]의 [illegible]
에[illegible]하야 가장 實行的으로 [illegible]
[illegible]하기로한다

(9) 指導部員([illegible])은 [illegible]
[illegible]中에서 [illegible]令又는 同令이
[illegible]한다 同令의[illegible]에[illegible]하는
外 [illegible]의[illegible] 下[illegible]의上
[illegible]에 [illegible]으로[illegible] [illegible]의
[illegible] [illegible]하기로한다

(四) 其 他

(1) [illegible]의[illegible] [illegible]

[illegible]에[illegible]하야는 [illegible]로의[illegible]
[illegible]하야 [illegible]과 [illegible]
[illegible]것 [illegible]
(2) [illegible] 在[illegible]人[illegible]
[illegible]에 [illegible]가 [illegible]것外
[illegible]는 [illegible]이[illegible]하는
[illegible] [illegible]하야 國民[illegible]로[illegible]
令[illegible]하기로한다

朝鮮義勇隊의 結成

國民組織에 關한 一考察

總力聯盟日婦會等 國民義勇隊에合流

各界代表一堂會集

義勇隊結成을懇談

總力

國民

死守

마음을 總武裝

滅敵에 熱火의 獅子吼

言論總進
擧大講演

學徒部隊出動

모내기에 援軍으로

(二) 昭和二十年六月十七日 (日曜日)

生産과 防衛의 尖兵으로

兵站補給挺身

國民義勇隊結成과 運營

(第二版) 皇紀二千六百五年 昭和二十年六月二十一日 (水曜日)

每日新報

生産과防衛에總力集結

義勇隊의本領發揮

皇土護持에蹶起하

靑壯年의 奮起要望

義勇隊運營의 萬全을 期하라

總裁 記者團 會見

國民義勇隊

地方行政體制의 强化

都市疎開

國民義勇의特技隊

各部門進擊態勢를整備

仁術精神을發揮

醫師의適正配置로

輸送大任完遂

交換孃도一役

義勇隊細目作成中

昨日定例局長會議開催

二十二日의 [illegible]長會議는 午前九時半부터 [illegible]에서 開催되어 다음과 같은 [illegible]가 있고 同十時半[illegible]하였다

▲水田[illegible]長 [illegible]人選은 [illegible]이 [illegible]하다

▲伊[illegible]長 [illegible] 二十六日에 [illegible]된다

▲本多[illegible]長 [illegible] 細目作成을 [illegible]하는中이요 中[illegible]는 來月十二日에 開催한다

▲川[illegible]長 [illegible] 二十三日 [illegible]된다

來十日까지엔完了

國民義勇隊結成에 [illegible]準備

[illegible]

東京都國民義勇隊를出動

【동경발동맹】 제도의 생산과방위에 활약하게되엿는 동경도국민의용대(東京都國民義勇隊)는 三十二일 요도바시구(淀橋區)에를 최후로 三十五구전부에 결성식을 마치엇다 본부장에게속속된 직역대(職域隊) (상시五백명이상의 회사 은행 공장과 업장)가 三백五十대이며 지구대(地區隊)에 속속된지역대 (상시백명이상五백명미만)가 一천 三백三十개인데 三구一중대편성 一호로써

(一)도의 방공활동(防空活動)

(二) 전재지(戰災地)를 중 [illegible] 로 만들것

등의 활동을하야 나가게되엇다 그런 하야 [illegible] 본부장 서는 三十三일동경도청에서 [illegible] 활동하고 각방면의 [illegible] 전대원이 출동하야 전재지에간 자를 실지로 뵈엿다

(第二版) 皇紀二千六百五年 昭和二十年六月二十五日 (月曜日)

每日新報

優渥하온 上諭

皇土防衛를 御嘉尙

義勇兵役法御制定에 下賜

【東京電話】義勇兵役法의 御制定에 當하사 天皇陛下께옵서는 惶恐하옵게도 다음과 가튼 優渥하옵신 上諭를 賜하옵시어 一億國民이 勇躍挺身、皇土防衛、國威發揚에 邁進할 을 가과 御嘉尙하옵시고 同法御制定의 御趣旨를 明示하옵시엿다

上諭

朕ハ曠古ノ難局ニ際會シ忠良ナル臣民ガ勇躍挺身皇土ヲ防衛シテ國威ヲ發揚セムトスルヲ嘉シ帝國議會ノ協贊ヲ經タル義勇兵役法ヲ裁可シ玆ニ之ヲ公布セシム

義勇軍編成措置完結

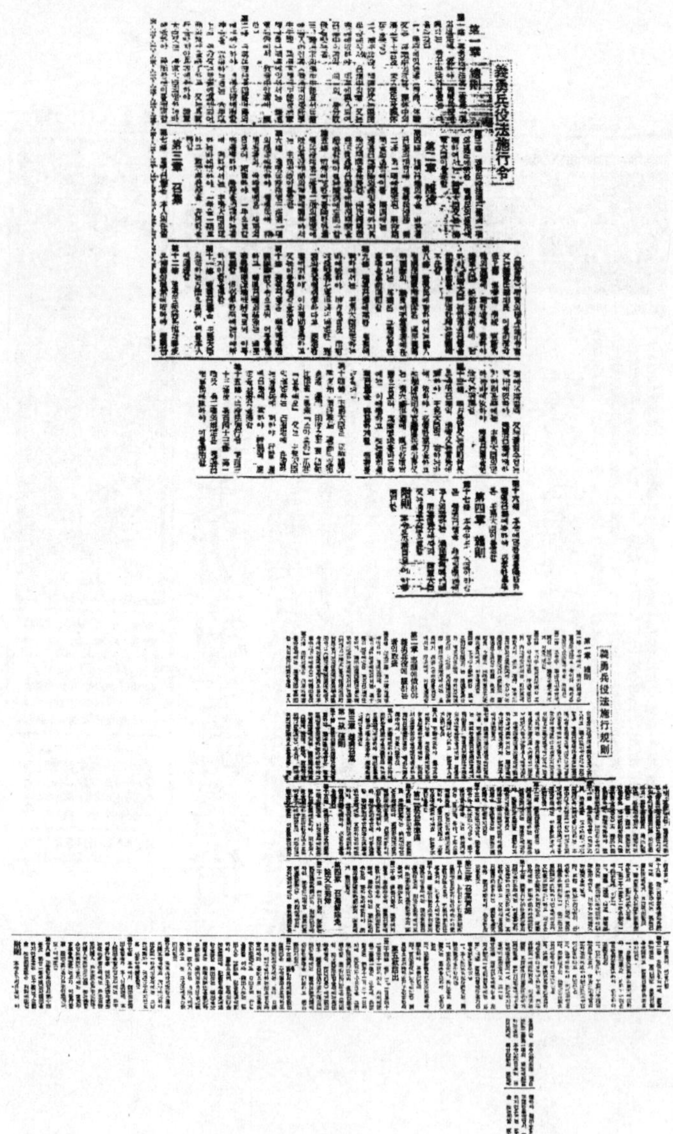

義勇兵役法施行令

第一章 總則

第二章 服役

第三章 召集

第四章 補則

附則

義勇兵役法施行規則

第一章 總則

國民義勇戰鬪隊統率令

中西

義勇隊의 當面目的은 增産

特攻精神으로 重責使命다하자

身命바처皇土守護

國民義勇戰鬪隊敎令公布

國民義勇戰鬪隊敎令全文

綱領

第一章 總則

第二十一條

第二十二條

第二十三條

第二十四條

第二十五條

第二十六條

國民義勇戰鬪隊員 服裝及給與令公布

皇土守護의 大任에 나가자 國民義勇隊

朝鮮軍管區參謀長 二千六百萬에 檄

國民義勇隊結成 準備委員會開催

【海州】황해도에서는 군관계성을 國民의무대와 조직운영에 관하야 이에 協議중이든바 오는 七月一日 知事室에서 郡守 경찰서장들을 招集하야 의용대조직운영회의에 [illegible] 표제등 당면의 긴급사무에 대하야 회의를 개최하게 되였다 그런데 도에서는 동회의 [illegible] 면회 [illegible] 이에 [illegible] 으로 [illegible] 이달 [illegible] 일 [illegible] 많 [illegible] 국민의용대결성준비위 [illegible] 고 이에 대하야 [illegible] 하리라한다

精神은軍隊와同一

[illegible]

義勇兵役法解說

合致

[illegible]

優先

[illegible]

編入

[illegible]

半島學徒隊結成

七月一日戰時敎育令實施

국민의무대(國民義勇隊)결성에호응하야 學徒의결전태세를서비하고저 [illegible]本部에서는 드디어七月一일 전시교육령(戰時敎育令)와 시행규측(施行規則)을 공포시하기로되엿다 이에따라조선의전학교에는 學校의국민의용대라고할 學徒隊(學徒隊)가편성되며따라 學徒대원·學校직원과[illegible] [illegible] 원되지[illegible] 전원[illegible] 방의경비에 [illegible] 방면에서는 學徒의근로동원은 로에정신하다는 [illegible] 당면한문제로는우선 [illegible]방면에한층 적극적으로 동원정신하게될것이요 학도들은방위에도 큰역할을 하게될것으로 크게기대되는바 학도대의조직은 각學校[illegible] 것이아니요 국민의용대와 조직계통과 지휘가치되여 그대로지휘전투에 [illegible] 이다

義勇隊와防空에

살리라沖繩戰訓

安倍內相談

【東京電話】아베내무대신(安倍內相)은 二十六일오후 내무기자단과회견하고 오끼나와(沖繩)에 갈투하는 시마다(島田)지사를 중심으로하는 관민일체의조국[illegible]전투(戰鬪)에대하야다음과가치말하고 [illegible]하야 국민의용대의조직 미방공의당면한 치치등에대하야 오끼나와의 전훈을살려야할것을 강조하는동시에국토전장화(國土戰場化)에대처할신념을 토론하엿다

義勇隊의 育成에는

問 우리나라의 의용대는 진원이 전투대원이되여 제一선에서 분투 하엿는데

答 아즉보고는 받지못하엿다 그러나 의용대금후의 육성에대하야는 우리 나라의 교육계에있어 이를 잘 지도해야될것이며 간부에 맛당한 사람을 어떠케한다는 이두가지가 가장중요한줄로 생각한다

國民義勇隊組織
準備委員會開催

【全州】국민의용대는 七日쯤 순조히하야 조직을완료할예정으로 제반준비를진행하고있는데 본도에서는 이조직에앞서 그준비위원회를 지난 二十六일오후 시부터 도청회의실에서 「고」위원다수참석아래 개최되엿다

實情과民意를尊重
國民義勇隊初旬까지結成完了

地方綜合版

國民議會結成 [illegible]

黃海道準備委員會

[海州] 황해도에서도 국민의회대표소집하고 저 지난 二十六일오후二시부터 도청제1회의실에서 황해도 국민의회대 경성준비 위원회를열엇는데 쏘스이지사이하도 간부급 무내깃 관공서장 기타민간유원들의출석으로 유서에 의하야 일동의국민의례 쏘스이지사의인사가잇슨다음 아마모지 내무부장과 나서아마지내파장 오로부터 의수대조직요강의설 [illegible] 담이잇슨후 OOOO 위수대조직에대한파방의견의진술이잇고꺼시반에 폐회하엿다

全南도 結成準備

[光州] 전남도국민의회대표 조직은 목하도에서 연구중인데 군읍면으로 관계방면과 회합하야 준비위원회를 열고 여러가지물의 결의가 잇슨다음 이어서 준비위원회를 열고 구체안을결정하기로되엿는데 앞흐로 十일까지는 전남도의 대표의 결정을 볼예정이다

必勝譜

義勇總進軍으로敵攻勢를反擊하자

敵은 겨우 一三七五米方外밖게안되는 沖繩에 入城 戰爭이나 擲彈하엿스나 我軍의 必中必殺의 攻擊으로 完全히戰力을 빼앗긴것은 겨우 一個師團밧게안되는 大打擊을입엇다 卽 艦船六百隻이 擊沈破되고 人員의 卅萬名을잇어 그들의戰爭을持續하고도 남음이잇다 卅萬의艦船을 가지고잇는 米英은 이作戰에서 「日本은戰爭에패하리라면서 日本本土게 勝利할수록强硬하자야 잡수업다」는것을 [illegible] 絶對必勝이다 物量은 [illegible] 얼마나 어려섯든일인가를 「니믹쓰」以下全艦隊가 왜다렷슬것이냐 米國은 最後까지이라고말한日本의 [illegible]이라고 하면 戰爭가잇다 日本은 어느小島에서나 最後를 다하야싸웟다」에 어린서게슴은것을 實證하엿슴것이다 그러나 今번 沖繩의決戰的局面에依하야 今後本土

는것을 朝鮮에對하여도 大大的으로 攻擊手段을取할 것이다 卽 朝鮮을 日本內地의戰場가되지안케하기爲하야 다시攻勢手段에依한 局面打開는길이업다는 結論에사로잡히어 本土攻擊을 斷行하지안으면안될 苦境에빠진것이다

그리하야 「沖繩에잇는 一百六十萬機의 [illegible] 에總進軍도 朝鮮도 大規模空襲한다」고 敵은呼號하고잇다 그러나 朝鮮에 總動員日本은아니다 敵의戰略을看破하엿거나 徐徐히準備하기쉽거나 우리에게는 本土決戰의 態勢準備가되고잇다 我軍將兵은 敵의攻擊下에 戰力을回復할것이다 그리하야 有事之秋에 朝鮮軍의大部隊에는 精力한

境外作戰下에 朝鮮과四千萬이 死守할것이다 敵이朝鮮一帶에對하는 作戰行動과 國民의協力이 戰하고 內地一億을 總動員하려하여도 强固한 戰略은成功할理가업다 半島二千六百萬皇國臣民의 [illegible]가잇슬것이다

半島全體以下 全員의 決戰體制로 精鋭部隊가 맛나고 一切의勝敗가 決定되리라고 생각하는것은 사람은업다 다만 이決戰에依하야 本土決戰 勝敗 때를 볼보지안코 一億이總決戰을 더욱 굿게하야 [illegible] 하고잇다

七月은 [illegible] 하는 때이다 [illegible] 大日本 [illegible] 히할수잇는다

(朝鮮軍管區報道部提供)

平素의 本務는 增産

時急히 結成、戰場精神으로 挺身하라

國民義勇隊

가장 강력적인 국민조직체로 조선에서도 국민의용대를 오늘의 대조봉대일을 중심으로 전선일제히 결성할터인데 이의용대의 본무(本務)는 어떠하지나 정신적강[illegible]에 중점을둔다는것은 [illegible] 여야한다 [illegible] 적이상륙하는 비상사태에이르는경우는「방위요원」의 한사람으로서 중요한임무에배치되어적을섬멸하는 작전에직접가담하야[illegible] 것이나 그러하고해서 [illegible]가

다 한꺼번에 [illegible]는것도아니며 모두가 [illegible]을 쥐고서 직접적으로대치되어 [illegible]하는전투에는 참가하지안는다 가령 비상사태에 [illegible] 외상병으로로서 [illegible]이나리는 경우가있다하드라도 대체로 후방에서 [illegible]가진지([illegible])의 구축등 병참요원(兵站要員)으로서 활동케하며 경우에 따라서는「수화단」등을 가지고 적의 [illegible]을막는 등 각자가 할수있는 범위안에서 임무를다 하는것이다 평상시에는 강력적인 그조직체로서

농촌에서는 식량증산에、기타에서는 중요광물증산에、공장에서는 생산증강에 전력을드릴것은 물론이요 가령적의공폭으로말미암아 재해가 발생하는경우는 그 복구작업에출동하여 모든것을 싸워이겨나가는데에 필요한 전력증강에 모든힘을 경치하는것이 의무대의 공동조직체이므로 의용대가된다고 곳 전투에참가하는 것가튼생각은 버리고서 지역적으로나 직장별로나 하루빨리 대[illegible]결성하야 만전의태세를가추어야 할것이다

(四) 每日新報 昭和二十年七月四日 (水曜日)

大京城義勇隊進發

七日決意表明大會 八日聯合結成式

경성부내八구의 국민의용대와각직역의용대를 총합한 경성부연합국민의용대는 드되어 八일의 대조봉대일을 마지하야오전十시 조선신궁에서 전선이 先보다도먼저 최초결성식을 거행한다

결성에앞서 경성부에서는三일오전十시부터 부회의원간담회를열고 다시오후두시부터는 부민관담화실에서 의용대결성준비위원회를열고 쓰지(辻)위원장이하 관민위원二十九명이모이어 각각준비결성에대하의성을피력하고 의용대의 강력한운영을 촉진하기로 하엿다 그리고 百명이상의 인원을가진 각직역 에서는 七일까지 직역 의용대를 조직하야 지역의용대와 함께 八일 결성식에참가하는데 七일오전十시에는 부민관대강당에서 각관공서 은행 회사 학교청회단체대표 약 ?천여명이모이어 백만부민의 쇠러오르는 지성을집결할 의용대조직결의표명대회를연다

조직은 부에연합국민의용대를두고 지역에는 각구의 애국반을 분대로하고 조(組)를 소대 동(町)을 중대로서 구성한다 예를들면「경성부종로구국민의용대소격정중대제一소대제四분대」와같이된다

京城義勇隊進發

來八日에 聯合結成式

경성부내八구의 국민의용대와각직역의용대를 총합한 경성부연합국민의용대는 드되어 八일의 대조봉대일을 마지하야오전十시 조선신궁에서 전선이 先보다도먼저 최초결성식을 거행한다

결성에앞서 경성부에서는三일오전十시부터 부회의원간담회를열고 다시오후두시부터는 부민관담화실에서 의용대결성준비위원회를열고 쓰지(辻)위원장이하 관민위원二十九명이모이어 각각준비결성에대하의성을피력하고 의용대의 강력한운영을 촉진하기로 하엿다 그리고 百명이상의 인원을가진 각직역 에서는 七일까지 직역 의용대를 조직하야 지역의용대와 함께 八일 결성식에참가하는데 七일오전十시에는 부민관대강당에서 각관공서 은행 회사 학교청회단체대표 약 ?천여명이모이어 백만부민의 쇠러오르는 지성을집결할 의용대조직결의표명대회를연다

조직은 부에연합국민의용대를두고 지역에는 각구의 애국반을 분대로하고 조(組)를 소대 동(町)을 중대로서 구성한다 예를들면「경성부종로구국민의용대소격정중대제一소대제四분대」와같이된다

每日新報

生産과防衛에總力 寇敵必殺에總蹶起

疆內官民의奮勵促求

國民義勇隊의眞價를發揮하라

七日阿部總督諭告發表

論告

昭和二十年七月七日 朝鮮總督 阿部信行

義勇隊總司令部

今七日에結成하기로

반도민중의 총력을결집하야순국의충성으로써 향토방위에총진군할이때 조선의 국민의유대는그동안전선일제히 직역과지역을통하야 결성에대한준비를진행하고잇서 오는七일을비롯하야 늦어도중순까지는전부결성식을 맛마칠터인데각부군의유대전체를 통할할총수뇌부인조선총사령부는 총독부지방과에서 조직세목과사령차장(司令次長) 미지도부각반장의인선등여러가지로 신중한준비를하고잇든바 마침내대체로방침이결정되엇스므로 五일오후두시총독부에서 개최한임시국장회의에서 마지막심의를가한후 七일오전중에는 결성식을거행할예정이다

五日本社國民義勇隊結成式

본사에서는 五일 오전九시부터본사옥상에서 있섯다 (生田) 경기도지사 조선군확구사령부보도부장 (대리) 등의 내빈참석아래 「매일신보사국민의용대」의 결성식을 거행하얏다. 국민의례에이어 조서봉독이잇고가나가와 (金川) 대장의열렬한훈사가잇고 이어다지사의 축사가잇슨다음 가나모리 (金本) 부대장으로부터 대원一동을대표하야 「본분전사로서의 중대직책에 유분정신하겟다」는 선서가잇고 「우미유까바」제창 성수만세봉창으로 식을마치엇다 이어서 총대장이상 간부一동은 조선신궁에 참배하고 의용대결성을봉고하엿다

府廳義勇隊도結成

경성부청국민의용대결성식은五일오전十시부터 부민관중강당에서 一천여명청원의참집아래 거행되엿다 국민의례를마친다음대장인쓰지 (辻) 부윤의훈시와 바바 (馬場) 부대장의선서랑독으로 결성식을마치다

社說

國民義勇隊 組織[illegible]

때. 그責任은 참으로 重且 [illegible]

[illegible]

義勇隊總司令部進發

總司令에 遠藤總監

次長 淸水, 範益, 渡邊豊日子兩氏

七日, 總督府서 結成式

(寫眞은 總司令部結成式)

國軍一體로邁進

總督告辭

昭和二十年七月七日 朝鮮總督 阿部 信行

滅敵의鬪魂振起 使命完遂에努力

總司令人事

義勇隊에期待

上月司令官 談

昭和二十年七月七日

總司令部役員

國民義勇隊朝鮮總司令部에는 總司令아래 二名의 次長이 있고 [illegible] 十六名의 委員이 있으며 [illegible] 二十六名의 參與 다시 指導部에는 [illegible] 日本人 [illegible] 强力히 [illegible] 運動을 展開할 터인데 氏名은 다음과 같다

◇總司令 [illegible]

◇次長 [illegible]

◇指導部長 (兼) [illegible]

◇顧問 [illegible]

[illegible]

(昭和二十年七月八日) 第一萬一千三百六十二號

決戰半島의 前衛

總督府義勇隊結成

반도민중의 압재비로 [illegible] 국민의용대는 관공(官廳)재 정신을 가지고결전행정에나슴 무(財務)광공(鑛工)농상(農商)국민의용대 결성식은七日(?)법무(法務)학무(學務) 입오후두서 총독부앞뜰에서아 [illegible])경무(警務)[illegible](?)여 베(阿部)총독 엔도ㅣ(遠藤)자(?)등 아홉대표 조선총 [illegible])총감이하 대원전원이 참렬 되엇슴며 식이끗난후 대정부 하야 엄숙히거행되엇다 총독 대장 [illegible]각대 대장에 부의용대는 대장을총감으로하 부대장은 대원전체를 대표하 얏는대 먼저엔도ㅣ대장이 총 야 조선신궁에 참배하엿다

총독의유고(諭告)를 낭독하고 미어서 아베총독이 총독으로의 용대의사명마 대원들의 사기 [illegible] 연달ㅣ 대장으로부터 [illegible]가될 선 서문낭독이잇고 총독의선창으로 만세[illegible]한후 무[illegible] 午 [illegible]경에식을 마치엿다 총독부

宣誓

[illegible]

公의[illegible]하다 [illegible] 一[illegible]下 [illegible] [illegible]어 [illegible] [illegible]하야 [illegible] [illegible]할것을 [illegible] 右[illegible]

京畿道司令部陣容

국민의용대경기도사령부(京畿道司令部)결성식은 七일오전아홉시부터 도청내ㅣ회의실에서거행하엿는데 동사령부의 진용은다음과갓다

▲[illegible] [illegible]一 [illegible]▲[illegible] 京[illegible]司令官 一 四名▲[illegible] [illegible]氏外[illegible] 十名▲[illegible] [illegible] [illegible] [illegible] [illegible] [illegible] 人[illegible] [illegible] [illegible] [illegible]▲[illegible] [illegible]外二千八名

宣誓

韓國民은이제 [illegible] 同胞에 [illegible]하야 國家의 [illegible]가 바야흐로 分[illegible]에 있다. 이때에 있어서 [illegible] 一心[illegible] 一體의 [illegible] 더욱더 [illegible]하며 이에 우리 [illegible]에서 國民[illegible] [illegible]하고 그 [illegible] 結成하였다 [illegible]이미 [illegible]하야 조금도 [illegible]가 없다. 오직 [illegible]力을 다하야 [illegible] [illegible]의 [illegible] [illegible]하야 [illegible]에 [illegible]으로써 [illegible]의 [illegible] [illegible] 明한다. [illegible]하니 미 [illegible]의 責任을 맡게되었다 [illegible]下의 [illegible]아래 [illegible]의 支[illegible]力을 바라며 [illegible]의 [illegible]할것을 [illegible]한다. [illegible]

昭和二十年十月七日

[illegible] 趙 [illegible] 作

碧城國民義勇隊 八日一齊新發足

【海州】벽성군면리 부락의 국민의용대 조직결성은 八일 대조봉대일을 기하야 일제 발족한다

國民義勇隊結成

【開城】개성부국민의용대의 결성식은 九일 개성부민회장소에서 [illegible] 진역대의결성식을 八일의대조 봉대일 [illegible] 후에 각 [illegible]

奉告祭와 結隊式

【開城】九일부민의 [illegible] 태세 [illegible] 하야 [illegible] 개성부민의 의용대에서는 八일대조봉대일오전八시부터 개성신사어전에 각신역 각지역의 의용대의대장 부대장 전타료가 참열하야 개성부민의의용대의결성봉고제를 경건엄숙히거행하고계속하야 [illegible] 본토결전을 [illegible] 에 결연하고자 확호한 [illegible] 까지 [illegible] 하자는 [illegible] 선서식이 거행되었다

每日新報

增産과 防衛에 總力

敢鬪朝鮮發揚하라

國民義勇隊精神을 強調

總督 放送

必勝譜

軍民一體로義勇蹶起敵을先制하자

[illegible]의 [illegible]돈 「니밋쓴」는 [illegible]프 리며「그는매우침착했다」하 는한마되만하고는 外面해 버린다「歐洲의勝利는 公 [illegible]에서 싸무고잇슴리 [illegible]파어[illegible]가잇는가 아 지太平洋에는 [illegible]가 업한」고米軍兵士는 [illegible] [illegible]다고한 다 우리로[illegible]으로부터아 래로 一[illegible]에 이[illegible]기까지 그[illegible]아리도 싸우지안호 면안되는[illegible]한 [illegible]생 각하고 [illegible]한[illegible]분에싸혀 잇다 米國本土에서는 [illegible] [illegible]하엿다니 [illegible]

[illegible]하엿다니 하늘 [illegible] 한[illegible]를 늘허놋코 이것 다 이겻다고 [illegible]고 잇 스나 [illegible]의 米國 民은 我[illegible]의 [illegible]한 [illegible] [illegible]피 [illegible]의[illegible]에서 괴 로운 싸우[illegible]하지안흐면안 될것이다 [illegible]은 米國으로 [illegible]기사[illegible]고잇다 [illegible] 令一個月에五[illegible] 다 치드래도 [illegible]이 六十個月이나[illegible]다 [illegible] [illegible]으로 부헌는 不[illegible]

나[illegible]만이 [illegible] 고잇다는[illegible]과 比해[illegible] [illegible]의[illegible]그[illegible]에게 보내지안흘수업다 지날 大陸에서[illegible]된 米[illegible]은 [illegible]一[illegible]는 「[illegible]一米[illegible]이 [illegible]外에 [illegible]의 갈이엽다고하는[illegible]에[illegible]한 다면 어떠케할것인가」하 는[illegible]에「[illegible]에[illegible] [illegible]者는잇슬것이다 그리 고 自[illegible]에十[illegible]生 [illegible]는方法이[illegible]것이다 그리하야 [illegible]하는[illegible]은

모다自白한은 無[illegible]히 生 [illegible]수잇슴 十名中의 한 사람이라고생각할것이다이 것이 米國人의心理이다」 리고 對[illegible]하엿든것이다手 先生[illegible]하는입이 그들에게 잇서서 [illegible]인것이다 더구나 [illegible]에서나 [illegible] [illegible]에서싸우는 米國兵士의 마음속에는 [illegible], 게 길, 탄스를 本[illegible]의 [illegible] 스러운生活을 맛두어보앗 슬것이다 그러므로「日本 人이 敵의손에 [illegible]거든지

自[illegible]하는 心理는 알수업 단고 [illegible]이 만 하는것도 [illegible]가 아니다 [illegible]이 [illegible]外 지의 [illegible]과 가 치생각하고 本土나 [illegible] 에 [illegible]해온다면 그야말 [illegible]쓰라림을 맛본것이다 本[illegible]의[illegible]한 [illegible]을 다시금 [illegible]생각을[illegible]고싸 우는 米軍[illegible]은 [illegible]的 [illegible]보고잇기때문이다 [illegible]는 [illegible]에 來[illegible]하야 [illegible]에對한 [illegible] [illegible]을 敢行하엿스며 [illegible] [illegible]의 [illegible]는 [illegible] [illegible]을보하고잇다 이[illegible]B29 B29에依하야 大[illegible]

이 머지안허 行해질것을 [illegible]한다 [illegible]의 [illegible]은 先制에잇다 [illegible]은 이미[illegible] 全의[illegible]와 [illegible]세우고잇 다 [illegible]도한 [illegible] 를 [illegible]시켯다 죽주 [illegible] 에[illegible]하야 [illegible]에 加入 한것이다 [illegible]의 必勝을 [illegible]하면서 或은 [illegible]의 [illegible]으로되여, [illegible]의 本土外 [illegible] [illegible] 오로되여 한[illegible] 必 [illegible]에 [illegible]이다」 이[illegible] [illegible]의 [illegible]바다 빈다는 [illegible] 을 [illegible]할수잇다는것을 우 리[illegible]은 굿게밋는다

(日曜月) 日九月七年二十[illegible]

義勇隊結成의大號令을받고

국민의 대다수 [illegible] 결성하여야 [illegible] 배(新聞) [illegible] 유고([illegible])를 [illegible] 이어서야 할 것인가 이제 [illegible] 발포하여 [illegible] 만의 분기를 [illegible] 의용대 [illegible] 더 재촉한 바 있었다 [illegible] 의 이 커다란

★ ★ ★

勇心으로挺身

重大使命完遂에全力

俞[illegible]氏談 이제 우리도 완전히 저날에 배치되었다 걱기가 이미 주선이 비상[illegible]하고 있는 이때 국민의 [illegible] 대[illegible]하는 것은 [illegible] 아라 그러나 이번 의용대의 조직으로서 [illegible] 백만[illegible]능력에 따라 그 한 사람 한 사람이 전열에 참가할 수 있게 되었으므로 [illegible] 의 용심(勇心)과 정의에 [illegible] (勇心)으로써 어떠한 역경에서라도 우리 적을 물리치고 승리의 길로 [illegible] 있을 것을 믿는 바이다 더욱이 이번 아베 [illegible]의 유고를 [illegible] 없고서 실로 반도의 미담 일부가 [illegible]대

할 [illegible] 깨달았다 [illegible] 우리는 의용대의 [illegible] 사[illegible]와 [illegible] 로 배치되는 [illegible] 할 뿐 아니라 [illegible] 하는 것 [illegible] 한 사람인 우리는 그 [illegible] 다하기에 모든 것을 희생하고 우리 여기에 전력을 기울이도록 [illegible] 의 [illegible] 더욱 [illegible] 해야 할 것이다

義勇隊結成의總督諭告에關聯하야

必勝에總力을結集

皇民傳統을發揮하라

遠藤總司令放送

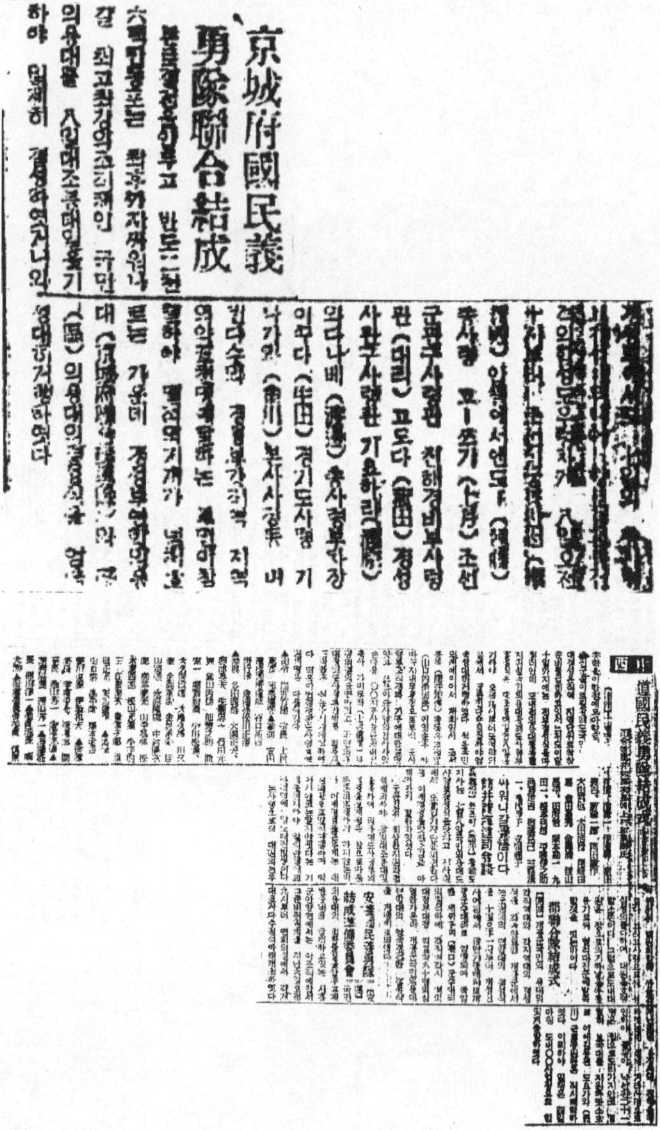

京城府國民義勇隊聯合結成

[illegible] 총사령 포-촛키(上月) 조선군참모장 [illegible] 진해경비부사령관 (?)[illegible]다 코모다(?)(?)[illegible]) 경성사관구사령관 기요하라(?)[illegible] 와다나베(渡邊) 총사경무국장 이쿠다(生田) 경기도지사 기[illegible] 나가와(?)(?)[illegible] 부사사장 외 [illegible] 다수의 [illegible]

[illegible] 반도二천六백만동포는 최후의 자세 [illegible] 갈 최고최강의 조직체인 국민의용대를 [illegible] 대조직 [illegible] 하야 일제히 결성하였거니와 [illegible] 가운데 경성부에서는 [illegible] 대(京城府國民義勇隊)라 [illegible] (區)의용대의 결성식을 [illegible] 성대히 거행하였다

道國民義勇隊結成式

[illegible]

社說

總力聯盟의 發展的解散

國民總力朝鮮聯盟은 [illegible] 國民義勇隊의 結成完了에따라 十日 發展的解散을하엿다 昭和十五年十月 內地의 大政翼贊運動에 步調를가치하야 從來의 國民精神總動員聯盟의 뒤를바더 組織을 更新한 國民總力朝鮮聯盟은 創立以來四年九個月間 半島國民運動의 根本體, 總括體로서 官民[illegible]一體가되어 活發하고도 [illegible]한[illegible]을 展開하여왓다

其而 戰局의 [illegible]에따라 [illegible]外, 小磯 [illegible]자 [illegible] [illegible]가 세차게 박귀이고 機構도 若干 變更되엇슴에 不拘하고도 支那事變으로부터 大東亞戰爭으로 擴大되어 戰局이 漸次 苛烈해젓스나 「國體의本義에 基하야 內鮮一體의實을 나타내고 各各 그總力을 結集하야 [illegible] [illegible]을 [illegible]하[illegible]는 [illegible]動의 根本目的은 그대로 繼承되엇다 時局의推移에따라 는 總力府와 軍部의 새로 운 [illegible]에 [illegible]하야 運動의主

[illegible]가, 決定되고 [illegible] [illegible]도 [illegible]하게되어 이로 收拾하기어려우나 長中에도 [illegible] [illegible]의 [illegible] 內[illegible] 一個의[illegible], [illegible], [illegible] [illegible], 米英[illegible]의[illegible] [illegible], [illegible]力[illegible], [illegible]作[illegible]의[illegible], [illegible]에[illegible]쳐 [illegible]의功績은 참으로 [illegible]하다고하겟다

一部에서는 [illegible]의[illegible]가 [illegible]的이며 [illegible]이 [illegible]的 이라하야 여러가지 [illegible] 채오[illegible]도 업는것은 아니나 이[illegible] 새삼스러히 [illegible]도 업는 일이며 그[illegible] 全 的으로 人的[illegible]에 [illegible]는

넘우나 [illegible] 일이라 할 것이다 [illegible]에서도 [illegible]와 總力聯盟의 [illegible]에비추어 수 [illegible]의 [illegible]組織에 잇서서 는 [illegible]部나 [illegible]部의 [illegible] [illegible]力的[illegible]하고 어 데가지나 [illegible]는 [illegible]인[illegible] 尹(京城府[illegible]) [illegible], [illegible]에게 두어 一々히 上部의 指示가 업더라도 [illegible] 長이 [illegible]으로 어느[illegible] [illegible]의 [illegible]을[illegible]수잇게하엿다 하니 [illegible]의 [illegible] 期은 [illegible], [illegible] [illegible]을 [illegible]이 [illegible]된다 더 욱이 總力聯盟에서는 「[illegible] 總力[illegible]에 [illegible]하여온[illegible]

그[illegible]의 大小團體과 自治[illegible] [illegible]을不[illegible]하고 國民義勇隊의 結成과 [illegible]에 [illegible]全의[illegible]力 을 [illegible]야[illegible]것은 [illegible]다 이라고 말하지않을수업다 고 [illegible]에서도 말하 엿거니와 [illegible]以來 [illegible] [illegible]해오[illegible]과 [illegible]力은 반드시 [illegible]隊의[illegible]力 이 될것인을 [illegible]하려한다 何如튼 [illegible]의 [illegible]에따리 國民[illegible]은 [illegible]되엇다 二 千六百萬[illegible] 아니 一[illegible] [illegible]은 [illegible]隊의 [illegible]使命에 [illegible]하야 防衛에, 作業에 나 아가서는 [illegible]에 그[illegible] [illegible]하야 [illegible] [illegible] 을 [illegible]하고야 말것이당

"增産、防衛」一目的에 體得한 熱意를 傾注"

聯盟解散式 阿部總裁人事要旨

[illegible]

勝利로飛躍의聯盟

昨十日、歷史的解散式

戰訓살리자

波田中將談

愛國班은 남는다

每月八日常會도繼續

安城國民義勇隊結成

信川邑國民義勇隊

府、郡聯合義勇隊

大體로結成을完了

전령은 생산하면서 활동를 조직하나아갈 二천六백만의새로운결의는 이번국민의용대의조직으로터한층힘하것다 영매의조직체로부터의용대로반도가가진모든부호과 모든힘이 오히이조직을통하여 강력적으로움즈길것을 약속하기때문에 전국의 긴박한 추이와함께조선적으로 대의결성을 철리하고잇는데 국민의용대조선총사령부(朝鮮國民義勇隊司令部)에 들어온각도의조직상황을 보면이미十三도의 도사령부(道司令部)가 결성되엇고 그미의부군도(府郡)의 연합의용대가대체로 결성을마추어 적전의진용태세는가추게되엇다 이와 동시에 관서 회사 은행 기타중요직장별의용대도착착치되고잇스며 이제남은것은각정(町里)부락별(部落別)의하부조직인데 아직것조직치못한곳은 이역시 이달중순까지는 전부 마추어가지고 명령일하에출동할 행동을 개시하게될터이다

總司令部事務分擔

별하과기티 국민의용대는전선적으로 조직되엇슴며 그의 총본영이라고할 국민의용대조선총사령부(朝鮮國民義勇隊司令部)도 총독부본관정사령총에 간판을 내걸고 十一일부터 총사령 엔도(遠藤)총감 와다나베(渡邊豐日子)、기요하라(淸原範益)두 차장을 중심으로 수뇌부가 진용하야 사무분담등을 의하는등 사령부도 착착 활동을 개시하였다

日婦解散式

국민의용대에 총류되는 모든 일본부인회조선본부에서도 十일오후二시부터총독부대강당에서 부총재 아베총독부인 (信子)씨를비롯하야 구마시게(熊[illegible])사무총장 이하연원수가 참렬한가운데 해산식을 거행하엿는데 [illegible] 국민의용대에 [illegible] 이제 [illegible] 것이다

礎石을 大衆속에

最後의 國民組織을 銘肝

우리義勇隊의 進路

兩次長과 一問一答

各地義勇隊結成

交通局國民義勇隊結成

交通局의 [illegible] 國民義勇隊組織은 [illegible] 총재 [illegible] 명령 ([illegible]) 결 [illegible] 비([illegible]) 차재([illegible])에 [illegible] 파서 [illegible] 一班 [illegible] 수대 [illegible] 하고 운수([illegible]) 공부(工務)등 기관 [illegible] 기관의 [illegible] 기대 ([illegible])인 交通局[illegible]의 國民義勇隊[illegible]을 [illegible] 하야 구체적 [illegible] 운동시 [illegible] 이리 交通局의 의용대는 고바야시(小林)국장을 사령(司令)으로 [illegible] 하고 三지방交通局[illegible] 지 [illegible] 으로 [illegible] 하야 [illegible] 기관 [illegible] 부대 대 [illegible] 조직으로 하고 시철(私鐵) 차 [illegible] 회사 [illegible] 회 [illegible] 도 [illegible] 하야 [illegible] 기대 조직으로 하얏다

總督府義勇隊 訓練을 實施

지난번 [illegible] 조직된 [illegible] 총독부의 의용대는 대 [illegible] 지 [illegible] 시 의용대 [illegible] 서의 [illegible] 한 [illegible] 훈련을 [illegible] 시키기로 되어 十二월 [illegible] 훈련요강을 결정 [illegible] 시 [illegible] 훈련을 [illegible] 시하기로 되었다 [illegible] 종목은 직무([illegible]) [illegible] 기 ([illegible]) 피란체조, 방위, 작업 [illegible] 다섯가지이며 [illegible] 매월 一, 二, 三, 十五, 十六, 十七일 [illegible] 마다 [illegible] 비시부터 다섯시까지인데 이 [illegible] 함에는 [illegible] 안 하게된다

中西

九萬府民會一丸으로

國民義勇隊結成式擧行

國民義勇隊結成式

總力道聯盟 解散式擧行

本土決戰舌鋒陣

全鮮에言論戰士派遣

國民義勇隊 大講演會

조선언론보국회(朝鮮言論報國會)에서는 각지방선분자와공동주최(강원도와충북은 봉사와 경성일보(京日)共催主)로 二十일경부터경기도를제외한 각도의주요한도시에 언론전사 四十여명을파견하야『본토결전과국민의용대대강연회』를 개최하고『미영외야만과 동아의운명』·『본토결전과 국민의용대의사명』에 대한제도으로 동아수억민중의 운명을 저머진 국민의용대의 새로운결전의와사명을 웨칠터이나 그런데 연사와개최지는다음과같다

▲忠北道(淸州 忠州 [illegible]) [illegible] 安[illegible] 上[illegible] 田明▲[illegible](大田 論山 江景 公州) 加[illegible] [illegible]▲全北(全州 [illegible]) [illegible] 川[illegible]五郎 [illegible]木[illegible]▲全南(光州 順天) 中[illegible] 高[illegible]三郎 大[illegible]▲[illegible]

京畿義勇隊司令部 第一回指導委員會

국민의용대경기도사령부제一회지도위원회는 十八일오후두시부터 경기도청제二회의실에서 개최하엿다 이석다(小田)사령관을비롯하야 하다(成田)參與 양차장과 위원일동이 렬석하고 경기도국민의용대운영과기타당면한 여러가지문제에대하야 약두시간동안토의한후폐회하엿는데 오는三十一일오후두시부터는 연원회(研質會)를열터이다

國民義勇隊結成

【金川】 철만군민이 국민의용대결성
식은 지난 [illegible] 일오전 [illegible]
시에 [illegible] 회의실에서 판
민다수가회집하여 [illegible] 대한
거행하엿는대 이날 [illegible] 에 일
의유고와 이도(伊[illegible]) 대장의
고사가잇고 아사[illegible](淺[illegible]) 경
찰서장의축사와 의용대[illegible]의
대선[illegible] [illegible]와나(李[illegible]) 제익선
서가잇슨후결수마세봉창으로써
식은성대엄숙리에 마치엿는대
이로써 [illegible] 에 [illegible] 의진용
[illegible] 국민의 [illegible] 은 [illegible]
을보게되엿다

義勇隊總督 [illegible]

【新竹】 전
[illegible] 의 [illegible] 단
야국민의 [illegible] 계에대처하
고 [illegible] 지의열화 [illegible] 기맥을 더욱굿게하
술 [illegible] 하도록 [illegible] 가정에서
도 [illegible] 하야 전조
체의 비축에 [illegible] 하자

日婦解散式 二十五日에

【[illegible]】 국
미회 [illegible]
대 부인한으로서 [illegible] 하
게된 [illegible] 지부는 해산
하게되여 오는二十五日오후一
시도청제一회의실에서도지
부인 [illegible] 에 해산식을거행
한다 이해산식에앞서 오전十
시에는 각군의사무담당자의협
합회가잇다

나아가자 義勇隊

八月[illegible]

【[illegible]】 [illegible]는 바야흐로 [illegible] 이제국민 [illegible] [illegible] 개시하야 [illegible] 해서생 [illegible] 적이오 [illegible] 결단코 [illegible] 알된다 [illegible] [illegible] 다[illegible]가치경 [illegible] 하엿다

一、[illegible]

바치자

二、[illegible]

三、[illegible]에헌신하자

國民義勇隊告

[illegible]理解[illegible]究 [illegible]

[illegible] 아직 그[illegible] 지못하고 [illegible] 의 해석에 [illegible] 이업지안으므로 [illegible] 에서는 [illegible] 지[illegible]하고저 군[illegible]에서선 [illegible] 각부 군의지도자와 여러가지[illegible] 식히기로되엇다 [illegible] 리하야 [illegible] 지도자와 연구[illegible] 군의지도자는 [illegible] 지도자에[illegible]하고 다시[illegible] 지도자는 [illegible] 각각 [illegible] [illegible] 체계[illegible]가진 [illegible] 하게 되어야 [illegible]

鐵道戰鬪隊 義勇隊에 編成下令

【東京館話】 陸軍省發表(昭和廿年七月廿五日) 七月廿三日國內義勇隊에對하야 戰鬪隊의編成이下令되었다

總司令部 첫會同

宋部 韓美隊委員顧問參與會議

국민의용대총사령부에서 [illegible] 실에서 지휘위원회를열고 본부
는 지난번국민총력[illegible]선언에따라 十二일오후시보[illegible] 표는
무국과 대변부인회조직부[illegible] 합계회의를열고 여러가지 국
로부터 우수한 직원가 여명 세최인당[illegible] [illegible] 하
을 바이크러 지휘부[illegible]와 기로되었다 회의에 부가지나
각부에 배치하얏[illegible] 입부는 [illegible] [illegible] 하에
[illegible] 어서 [illegible] 지[illegible] 방 [illegible] 위
[illegible] 은 [illegible] 고 [illegible]
관에서 [illegible] 기 [illegible] 하이며 [illegible]
하라 [illegible] 장[illegible] 아 결성이후 [illegible] 개[illegible] 하[illegible]
[illegible] 국[illegible] 과의 [illegible] 민운 의[illegible] 지 [illegible] 다
[illegible] 이[illegible] 하 꼬잇다 [illegible] 로서 [illegible] 하[illegible]
그리고 이[illegible] 의 [illegible] 을 [illegible] 여러가지[illegible]
정하고저 [illegible] 에 [illegible] 요
[illegible] 二[illegible] 의 [illegible] 야

國民義勇隊結成

【安東】 [illegible] 에대비하
야 국민의무조직으로서 [illegible]
군[illegible] 이 [illegible] 국민의용대결성은
각처에서 [illegible] 으로 [illegible]
하고잇거니와 서흥군(瑞興)
에서도 [illegible] 민[illegible] 의 [illegible]
[illegible] 국민의용대[illegible] 이 지
난 [illegible] 오전十시 서흥군청회
의실에서 거행하게되어 의와
무라군수 [illegible] 비[illegible] 하여각
[illegible] 관내각[illegible] 부[illegible]
민[illegible] 지다 [illegible] 으로 [illegible] 에
의하여 [illegible] 국민의례 이와
무라[illegible] 국민[illegible] 대[illegible] 정
의인사 [illegible] 가
도 [illegible] 서장의 [illegible] 가잇은
후 [illegible] 마 [illegible] 의
[illegible] 이[illegible] 의만
세[illegible] 후 [illegible] 후 [illegible] 서
[illegible] 이 [illegible] 다

日婦解散記念
各分會基金獻納

대일본부인회 정읍지부에서는 이번발전적으로 해산하는 것을 기념하야 각분회기금을 모아서 육해군에대한 휼병금(恤兵金)으로 헌납키로되엇다 따러서 「대일본부인회」라 [illegible] 쓰키(?)도 정부서부터 병기[illegible] [illegible]으로 헌납하기로되엇다 그리고 [illegible] 지해오든 [illegible] 소[illegible]한 [illegible] 그[illegible]대로 국민의 용대부인부에서 [illegible] 계하야 [illegible] 전대로 [illegible]하기로 되엇다

邑面國民義勇隊
總蹶起大會開催

【沙里院】 봉산군(鳳山郡)에서는 군내十四개소의 읍면국민의용대총궐기대회를 다음과 같이 일제히 개최하고 의용대사기앙양과 취지철저를 [illegible]하고저함이라는데 그목적은 [illegible] 자금비료 [illegible] 비전 [illegible] 하며 당일 시에는 사리원경찰서장이하 각주임과 봉산군에서는 군수이하 각과장급군직원들이 참석격려하게되엿다한다

▲七月廿五日第一班沙里院 [illegible] ▲七月二十五日 [illegible] 二十六日 [illegible] ▲七月二十五日 [illegible] 二十七日 [illegible] ▲七月二十[illegible]日 [illegible]

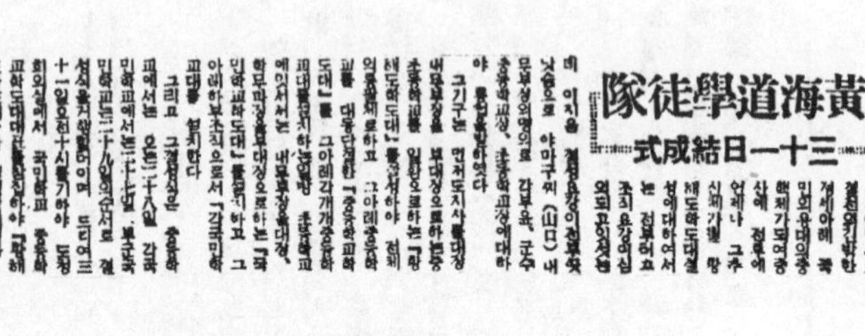

黃海道學徒隊

三十一日結成式

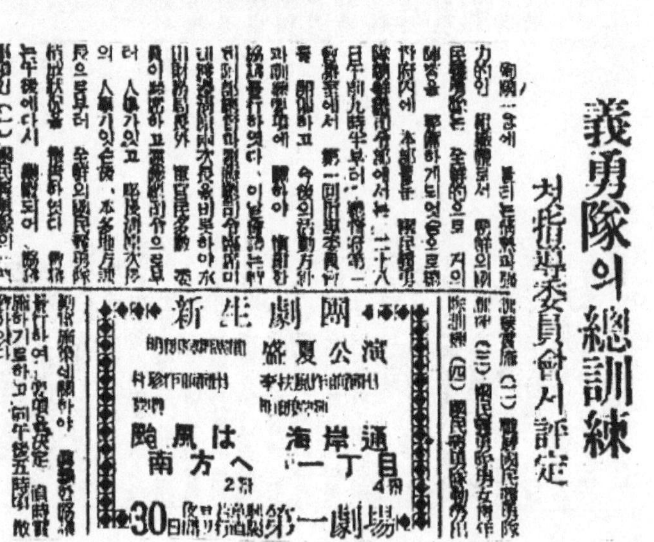

義勇隊의 總訓練

対指導委員會서 許定

매일신보

半島國民義勇隊에 必勝進軍의 大號令

總司令部서 訓練實施四項目決定

委員들의 感想과 決意

總力結集挺身

秦學氏 談

發揮하자 큰힘

金原邦光氏 談

金剛세멘土를 研究完成

氣力, 體力을 鍊磨

肉彈突擊精神으로 祖國防衛에 挺身

朝鮮軍管區 菜參謀談

機關紙와定期放送

義勇隊總司令部에서準備

선전반에서는 아베(阿部)반 장지휘아래아프로전개할 여러 가지선전 운동을 계획하는중 인데하나는 기관지인 [illegible] 지 발간으로서 이것은 국민 의용대총사령부보([illegible])

의용대기관지와방 송시간이 머지안 허결정되어 [illegible] 하야 [illegible] 이크 [illegible] 사령부로부터나리 는 결전국민[illegible] 의 대호령이 [illegible] 전조선의용대원에 계획하게 [illegible] 이다 국민의용대조 선총사령부지도부 [illegible] 계획이다

[illegible] 하나는 의용대방송시간 설정 으로서 이는[illegible] 지금까지우 리[illegible]에서 실시하던「[illegible] 보의 [illegible] 수정보 [illegible]하야 정기방송을 일주일에 한번식으로하고 [illegible] 사람마다 [illegible] 방송을 [illegible] 따라서 방송의 [illegible] 어데까지나 방송내용 에두어 [illegible]까지 방송시간 [illegible] 기거적인 결정 [illegible] 한때에는 국민의용대사령부 [illegible] 가장 [illegible] 기로되엿스며 [illegible] 지도부 각방에 의용대보 [illegible] 두어 각[illegible] 책임 [illegible] 이다 이에조차 [illegible] 으로 방송[illegible] [illegible]

開催順序는從來와不變

義勇隊進發後첫班常會

今日

국민의용대가 결성[illegible] 이후 회순서는 종래와가트며 실천 첫애국반상회가 일일 전선 사찰은 각부 군으로부터 전 일제히 개최된다 애국반은 발회되는 [illegible]을 하여 지시 事項으로 해소 하엿지만 애국반 하기로되엿다 이에상회에 국반만은 부(府)군(郡)행정의 보조기관으로서는 배급[illegible] 발전하야할 적기구의 말단조직체로서 그 어야할 각가지사항이 반장을 대로 남어잇게되엿스모로 전[illegible]하여알리도록지게지만 경매이 선의 각애국반에서는 八일 「해소된이후의 애국반을 [illegible] 일발을 마지하며 [illegible] 용대의지도정신을 체득하여생 대원으로서 가저야할 자각과 사명밧위에 [illegible]대원으로서 결의미에 [illegible]결심이 일반하 임무를다하도록하여야할 것인 여진 [illegible]부담을 어떠케싸워나 데 이날밤은 [illegible]국민의용대 갈것인가를 서로협의하고 맥 소선사령부 지도부장 와다나 서할터이다 애국반상회와 개 베([illegible])씨가 경성중 앙방송국과 마이크를통하야 「국민의 용대의발전에대하야」라는제목 으로 전선의애국반상회에 전 방송하기로되엿다

國民義勇隊 指導者錬成

【海州】 결일놋이 새나놓만 의를 결집하여 황토방위를위하야 웅장활발히 적전진발을 수한 황해도국민의용대본부에서는 차정이하 막료 지도부상 충분한 통일한 지도부원들의 지도자三十二명을초집하야 오는八월二日부터 동六일까지四일간에걸처 부내상정에잇는행성표동녀학교강당에서 국민의용대지도자연성을 행하게되엿다 그런데 동연성에잇서 강사는 쓰스이(筒井) 지사를비롯한 부지도자연성소 다까스기(高杉) 미우라(三浦) 연성간이며 이에 연성과목은 미소기국체의본의와 황국의신민 국민체육대의운영등이라하다

黃海道國民義勇隊 指導部員會開催

【海州】 황해도국민의용대에서는 七월三十一일오전十시부터 지사실에서 동의용대지도부원을 초집하야 이에지도부원회의를 열고 쓰스이(筒井) 사령이하 막료 가미무라(上村) 차정외지도부원들이 회집하야 동의용대의진로결정에대하여 간담적으로 장시간에걸처 협의타합하고 동오후一시경산회하엿다

國民義勇隊員들의나아갈길

의용대는 [illegible]하얏는데 조선총사령부 와다나베차장(渡邊次長)은 十일밤八시의 의용대결성이후 처음으로 열리는 전선의 애국반상회를 향하여 대략 다음과갓흔내용의 방송을하야 [illegible]의용대원들의 분기를 촉구하얏다

職責에忠實을目的

必勝의精神力과體力을鍛錬하자

渡邊次長放送

조선에서도 국민의용대는 전선방방곡곡에 결성되어 애국반원여러분은 총으로의용대의 대원으로서 [illegible]대원으로서 새로운[illegible]한것은 실로우리의 마음든든한일입니다 그러니아직도 한부족의 결성되지못한것은 하루속히 애국반[illegible]을 결성하도록 할것입니다 이제우리는 국민의용대란무엇을하는것인가를먼저알어야하겟는데 이것을한마디로말하자면 오늘의결전에대비하야대원한사람이 그날그날의직분을 충[illegible]다하고 다시 전쟁수행상긴[illegible]마다가지고총동원하며 [illegible]이마지막으로 우리신변에까지 박두할경우에는 직접무기를잡고총은 [illegible] 러케나는최국을 [illegible]으로써 지켜나갈것입니다 다시말하면 [illegible] 어국민이한데엉키어 반드시전쟁[illegible]싸워이기기위하야 [illegible]대[illegible]할것입니다 따라서 대원여러분은 아모로어떠한어려운일을 당하드라도 반드시싸워이기려는 구든신념으로 일치단결하야 한사람도 낙오하는이가업시[illegible]의 [illegible]으로마진하여야할것입니다 다과공 [illegible]

때원한사람 한사람이 생산과 방위에 [illegible]공정신으로돌격할수 등 결의미레 전선의 국민의 [illegible]리는과[illegible]리로서 실업가는실업가로서 산업전사는산업전사로서농민은농민으로서부녀자는부녀자로서마른바직책이잇슬것이니이직책에 충실하는것이의용대의목적인것입니다 우리고생산방면과방위방면에 힘을기우리는것과 전투훈련을하야 우리[illegible]의손으로 적을처무찌를실력을 양성하는것도 역시의용대의[illegible]입니다 이런여러가지일을 말하기는쉬우나 일에당하면 실행이어려운법입니다 그럼으로 평소부터 정신력과 체력에충분한단련을 싸흐워놋기잇슴니다 이러하야 비로소 국민의 대는 생산과방위에가투서실수잇슴으로 여러분은 일[illegible]분발하여 모든일을 적극적으로 실행하기를 바라는바입니다

義勇隊黃海道學徒隊

道會議室에서 結成式盛大擧行

(西中)

醜敵擊滅을 굳게 盟誓

學徒隊起推進懇談會開催

鐵道義勇隊發足

出動에 無파 가 없게

不遠、國民義勇隊에 勤勞動員命令

各驛의 滯貨整理

義勇隊員에 첫動員令

職域、地域、特技隊別로
八日·詔書奉讀式
義勇隊總司令部서 要綱通牒

전선의 각국민의용대는 매월八일 대조봉대일(大詔奉戴日)을 마지하야 조서봉독식을 거행하고 그 감격과 구령서로서 각자 마음의 [illegible] 완전히 수행 [illegible] 하는데 국민의용대조선총사령부에서는 二일부로 각 [illegible] 에게다 [illegible] 통첩하였다

(一) 조서봉독식은 매월八일 [illegible] 에 실시할것

(二) 직장(職場) 식장 [illegible] 또는 학기(?) [illegible] 이 [illegible] 하는것을 원칙으로 하되 필요한경우는 [illegible] 와 각국민의용대별로 실시할것 지역의용대는 [illegible] 히 [illegible] 하야 [illegible] 하고 [illegible]

(三) 전기(?) [illegible] 대들은 당해대장이 되는 [illegible] 이 [illegible] 하사 [illegible] 으로 조서봉독을 하기로 [illegible] 지휘(?) [illegible] 는 [illegible] 일 결(?) [illegible] 있다

(四) 조서봉독은 대장 [illegible] 하는것을 [illegible]

(五) 참가자는 [illegible]

一、[illegible]

一、[illegible]

一、[illegible]

幹部懇談會
義勇隊上下連絡
四日開催

국민의용대조선총사령부에서는 하부조직마다의 긴밀한 연락을 [illegible] 를 기초로하는 의용대 운영에 만전을기하고저 오는 四일오후한시반부터 [illegible] 에서 총사령부 [illegible] 간부간담회를 개최하기로되엿다 [illegible] 참석자는 총사령부로부터 차장(次長)이하 지도부 간부 사령부로부터는 차장과 각부장 [illegible] 부대장과 [illegible] 대장 부대장 [illegible] 관계직원 부연합대로부터는 각부장 [illegible] 二十七명이 [illegible] 하야 총사령부에 [illegible] 나베(?) 차장의 인사 [illegible] 총무부장의 총사령부사 [illegible] 도사령부사 [illegible] 부 [illegible] 의용대의 조직을 [illegible] 어가 [illegible] 연 [illegible] 이다

西中

五項目의 實施를 命令

道司令部에서 府郡義勇隊에

[illegible]

聯合義勇隊

[illegible]

婦人義勇隊編成

[illegible]

義勇隊結成의 記念獻金

定州郡民이 陸軍에 四十萬圓獻納

평북정주군(定州郡)에서는 지난十월[illegible]日에 국민의용대를 결성하고 그기념으로 비행기[illegible]하여 다 그[illegible]이 불러지는바람에 [illegible] 결의하여온바 정주군의 유 어에게 [illegible]하고 [illegible]감사 대원의 열성은 여지없이 드 유(金[illegible]) 외 파의 유에서 의 러내어 이순(二旬) 여동안에 회가 표창중이다 四十만원이 모히어졌으므로 가 무라(木村) 군수가 四일 조 선군관구에 헌납하고 정 주군의용대제一二三四五 기금으로 헌납하였다 의용대 외 비행기헌납운 이것이 처 음인데 정주군에서는 계속하 야五호, 六호를헌납하리라한다

地域國民隊視閱式

【元山】국민의용대 대원으로 하여금 참된 국민의용대원으로서의 자각을 철저케하고저 [illegible] 지역국민의용대의 첫 번시열식은 다음의 일자와 장소에서 대대별로 실시하야 대원의 [illegible]정신을 발양하기로 되었다

▲第一大隊=八月九日([illegible]場) ▲第二大隊=八月十日([illegible]) ▲第三大隊=八月十一日([illegible]國民校) ▲第四大隊=八月十二日([illegible]國民校) ▲第五大隊=八月十三日([illegible]國民校) ▲第六大隊=八月十四日([illegible]國民校) ▲第七大隊=八月十五日([illegible]國民校)

재感激과決意로

義勇隊로最初奉讀式

오늘은 大詔奉戴日

적화되는 적의 [illegible] 되는날이다 [illegible] 공습미해 入월 대가 [illegible] 入일의 대조봉 조봉대일이 [illegible] 대일을 마지하 [illegible]는 바와가 [illegible] 게되엇다 오늘마지하는대 [illegible]대」의 [illegible] 조봉대일은 오직국 [illegible] [illegible]크다아니 [illegible] 이미 하야 [illegible]바치겟다고 [illegible] 조선 [illegible] 감 [illegible] 라는 정 [illegible]서 대동 사 [illegible]에게 지시 [illegible]나 아전생 [illegible] 기 [illegible]하도 [illegible] 와지역과 정 [illegible] [illegible]의 진 [illegible]가지고 마지 운 [illegible]거대 ([illegible]隊)의 구 [illegible]

[illegible] 하야 [illegible] 지경이업는 [illegible] 하야 외 [illegible] 가다 [illegible] 적을 [illegible] 저진으로 [illegible] 생 [illegible]하여야할 [illegible] 것이다

義勇隊旗決定

적전돌격을 감행하는 [illegible] 백만 전부에 [illegible] 나부낄 국민의용대 「대기」(隊旗) 자 결정되었다

국민의용대 총사령부에서는 [illegible] 기도 사령부 [illegible] 한 대 등 간부와 의용대 운영에 대한 여러가지 구체적인 [illegible] 간담을 하였는데 이자리에서 대기는 가 [illegible] 한가지로 [illegible] 제에 올라 [illegible] 만장일치로 채택이 된것이다

「대기」는 [illegible] 에 있는 대로 아무것이고 [illegible] 에 「국민의용대」[illegible] 대」라고 [illegible] 쓴 「노보리」 [illegible] 장식이 [illegible] 장기 [illegible] 무치 [illegible] 야 전 [illegible] 하는 것이며 [illegible] 지대 또 [illegible] 대나무 [illegible] 하니 [illegible] 하야 있는 대로 이 모양하나 [illegible] 되었다 [illegible] 고 의용대 모표 [illegible] 어깨 [illegible] 지 마기로 된 었다

매일신보

義勇奉公의새盟誓

大詔奉戴式 全鮮義勇隊서嚴肅擧行

海軍武官府義勇隊發進

府義勇隊編成

【濟州】얼마전결성을 본 제주부청국민의유대에서는、벌부의결성을급히하고잇든중 이番요즈음 맛치게되야 八월六일오전七시반부터 부내상정에잇는부설운동장에서 그결성식을거행하게되엿다 그래서이에 기사누귀(木佐貫) 대장이외 부대장이하의임명또는 전후와 임원보고등을한후 대원일동의국민의례 국가합창 기사누귀대장의훈시 대원대표다와하시(高橋)총무과장의답사우미 유와바한자 염병또는분열이잇슨후 일동이 만세를봉창하고 동오전八시반경이에식을마치다 그리고 다음으로대원일동은 제주신사에참배하야 이에귀성봉고를 행하엿다

義勇隊訓練要綱制定

時局講演會

波多江氏마지하야

義勇隊運營協議會

一府三郡聯合으로

農作物이大體로不況

義勇隊指導委員會

義勇隊運營內閣서管掌

民間서도巡閱을任命키로決定

所屬과 運營에서 規定

國民義勇隊 精神隊의 組織

국민의용대직영대는 원칙적
으로 각직장마다조직하야 부
(府) 군 부(部) 읍 면 국민의
용대에 속하게 하고 [illegible]한경
우에는 도지사가 대의성질에
따라 적당히조직하며 소속을
정하기로되어 잇섯스나 각호
마다 이에대한 취지가 [illegible]
하야 [illegible]의되어잇지안음으로
[illegible]사령부에서는 소속과 운영에
대한규정을 제정하야 [illegible]가치정
하엿다

◇ [illegible]

각 [illegible] 계통에 의하야 오로지 조
선 [illegible] 도내각지에 지정
직장 직장 [illegible]이 잇는
경우 [illegible]한사정이 [illegible]한
조직한 [illegible] 도내전체를
한 의용대조직을 유의하지
안코 각대(隊) 직장마다 조
직을 한도록한다

◇ 所屬 각지사령부가 잇는 광정
직영대는 사령부직영대(司
令部) 등의 각파견사령부에
직속시킨다

◇ [illegible]

部隊 ─ 各道國民義勇隊 ─ [illegible]
[illegible]司令部隊 ─ 交通局[illegible]
民義勇隊 ─ 交通局司令部直屬
─ 地方交通局[illegible]國民義勇隊
地方交通局司令部[illegible]
[illegible]國民義勇隊 ─ [illegible]司令
部[illegible] ─ 地方[illegible]
[illegible]國民義勇隊 ─ 地方[illegible]
[illegible]司令部[illegible] ─ [illegible]隊 ─
[illegible]司令部直屬
이밧게각직영대는 소재의부
읍면의용대에 소속시키되
도지사가 필요하다고인정할
때에는 도지사와 협의하고
[illegible]의용대에 소속시킬
수가잇다

◇ [illegible] 국민의용대의 [illegible] 지
도[illegible]에 관한지휘명령은 다
음과가치시행한다
(가) [illegible]사령부의지휘는 [illegible]
도부의용대장 각도지사와 [illegible]
[illegible]사령 체신사령에게나린다
(나) 도지사령으로부터 판내
각국민의용대에대한 지령은
부 군 도(島) 연합국민의
용대장 부(府) 국민의용대
장 도지사관할직영국민의
용대장 에게 나리고 필요
에따라서는 [illegible]사령 [illegible]사
령 지방교통사령 체신사령
본부 직할회사장에게 각
[illegible]

國民義勇隊訓練要領

忠北道司令部에서決定發表

義勇隊も近く制定

決戰半島の備へ萬全

總監談

[illegible]

本月末までに完了

國民義勇隊地方組織

幹部の選任

隊の編成

各種團體との關係

國民の熱意

生れる國民義勇隊

隔意なき意見を吐露

本社で座談會

國民義勇隊に期待する

確固たる中核體を

熱ある同志を集めよ

社説

進め國民義勇隊

皇紀二千六百五年 昭和二十年六月十七日 京城日報

全半島皇國護持へ總蹶起

國民義勇隊組織要綱發表さる

地域、職域の兩組織

火急時には戰鬪隊へ

聯盟等は解消合流

本府に朝鮮總司令部

核心的活動を期待

決戰場に死生を倶にせん

全隊員職任を死守

結成懇談會で總監強調

京城日報

半島の國民義勇隊（原田本府企畫課長に訊く）

愛國班は存續

戰鬪時は軍の指揮下

外國人は除外

指導者には官民兩方

戰技訓練實施

今ぞ起つ皇國護持

義勇隊へ沸り立つ誓意

よりよき組織

さらば聯盟 顧る五年（上）

有栖川宮記念厚生資金下賜

戰ふ生活を確立

完勝一點に總力結集

半島の特殊性を

進め一億特攻

皇國女性の本領を發揮

學徒の情熱を生かせ

赴難挺身へ

發展的解體

民間鬪士の適材登用

組織の簡素化

鐵道は死守

國民義勇隊に寄す

根本精神の强力實踐

松月秀雄

[illegible]

總督も私も第一線へ

やるのだ誠心で

義勇隊は勝つ力の集中

總監・決意を語る

京城日報

本土決戦必勝の基礎

國民義勇隊の法的措置完了

皇國護 使命

一億滅 戦列へ

榮譽と責務に徹せん

服役期間は一ヶ年

外地には特別規定

義勇兵役法施行令

義勇兵役法施行規則

召集待命者に通達

地名 職名等を冠稱

國民義勇戰鬪隊統率令

將に必勝の根基

地域、職域において作戦直結

陸相放送

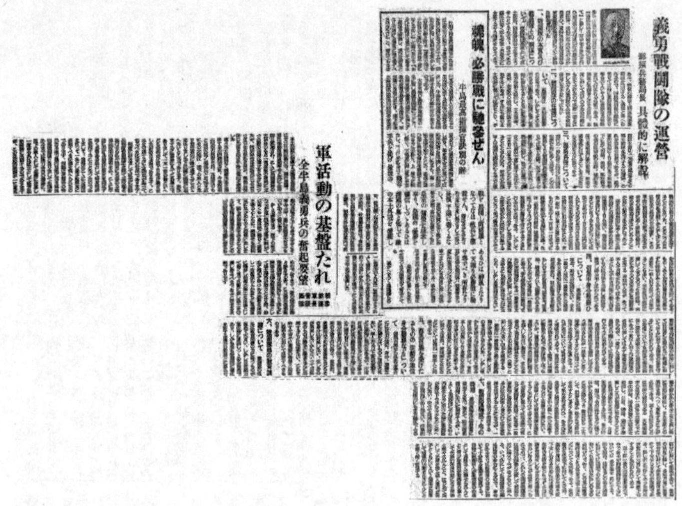

義勇戰鬪隊の運營

具體的に解說

必勝戰に驀參せん

軍活動の基盤たれ

全半島義勇兵の奮起要望

防衛生産に死力

鐵の試煉を超克せよ

鈴木首相放送

國民義勇戰鬪隊教令

郷黨職域相結び
侵襲の敵撃滅

戰鬪に、生産に 總力戰完遂

勤務は簡易實效的に

決戰へ・この血この汗この力

世紀の戰日本の

國民義勇隊の歌で 軍報道部撰定

[illegible]國民義勇隊の[illegible]を[illegible]の「國民義勇隊歌」は廿六日夜からラジオで國民合唱として放送[illegible]日本のやうに[illegible]せられた[illegible]を取つたもので、廿六日夜からラジオで國民合唱として放送[illegible]える

國民義勇隊歌

國民義勇隊の歌

一、世紀の戰 日本の[illegible]

二、かよわき[illegible]

三、[illegible]このわが[illegible]この歌[illegible]義勇隊

府民七月の實踐

我こそ義勇の尖兵

本土決戰を期して待つ覺悟を固き京都府民の七月實踐事項は次の通り

▼國民義勇隊が結成されるが、一人ひとりが皆國體護持の尖兵となるの心構へを固める

▼一日から十日まで[illegible]運動が實施されるが、戰後の經濟生活安定のため努めて貯金する

▼食糧の増産にひるまず一層努め、山野草の採取、節米節約に勝ち抜く

▼疎開者や罹災者のあるものは今のうちに[illegible]を行ふ

▼婦人の[illegible]獻納、[illegible]の供出に邁進、身は惜しみなくお役に立てる

▼入營應召者の壯行は[illegible]に目に餘るお祭騒ぎを[illegible]してゐるが、これを簡素にし、町會、隣組などはかうした事のないやう特に注意して欲しい

國民義勇隊、[illegible] [illegible]山區で打合せ會

[illegible]山區では廿九日午後三時から區役所會議室で國民義勇隊の[illegible]結成につき打合せのため各町總代會を開く

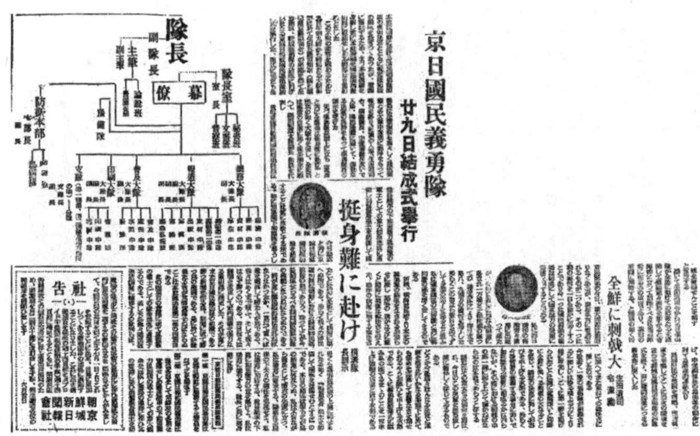

京日國民義勇隊

廿九日結成式擧行

挺身難に赴け

全鮮に刺戟大

隊長

副隊長

幕僚

隊長室

防衛本部

社告

朝鮮新聞會社

京城日報社

寧ろ今後に待つ婦人運動

義勇隊結成に倉茂日婦總長が檄

半島全域に義勇隊を組織

隊長に政務總監

七月下旬までに完了

政務局長談

半島に寄ります。本土決戦に呼應する隊員諸君の火と燃ゆる闘魂をこゝに総集したいと思ひます。老若男女、すべての御寄稿を切望します。

▲要項 一、表現は簡明率直にして大體五個條（字數は

國民義勇隊員の決意 募る

皇國臣民の誓詞程度）とする 一、用紙は葉書に限る 一、入選者には、正賞の外副賞として金二千圓也を贈呈する 一、締切は七月十日 一、宛先は本社編輯局 一、入選は七月廿日附本紙上に發表

京城日報社

隊形は實情に即應

京城府では區、他は邑面が單位

起ち上る國民義勇隊

敵撃攘へ大進軍

各道とも中旬までに結成

[illegible]

幕僚陣既に委嘱

指導者の人選に腐心

[illegible]

國民義勇隊指導者の聲

町長 浦上七三生氏

[illegible]

中隊長に町會長

地域義勇隊八日に結成

素砂で勤労動員座談會

義勇隊總司令部

七日、愈々結成式擧行

半島二千六百萬の生産即戰鬪たる國民義勇隊結成は、各道共順調に進捗し今月中旬頃迄には完了するが、之が地域、職域隊を統轄する總元締たる朝鮮總司令部の結成に就ては五日午後二時から總督、本府局長會議を開催組織細目並に次長、顧問、參與等の人選を協議、今明日中に決定する

機構としては總司令の下に次長一、三名、顧問、參與若干名、指導部に數班を設置する模様で、人選に就ては徒に官僚化を排し燃上る民意を核心とする組織上萬全を期してゐる

七日午前中には國民義勇隊朝鮮總司令部の結成式を擧行、敵殲滅へ總蹶起する國民の新な態勢を促し雄々しく進發する

京城日報

愛國の至誠を凝集

義勇隊發進に當り總督諭告

生産、防衛に總力

一挙以て寇敵を必殺

朝鮮總司令部

けふ本府で結成式

京畿道司令部陣容

社説

總督の諭告

本土決戦に必勝の構えを持して來る新しき年臺灣民衆の[illegible]る臺灣總督は今や、全島各地に起つて頼もしい進撃を続けてゐる。即ち七日本府における[illegible]の結成式を始めとして各州庁、郡、街庄を問はず、[illegible]に邁進しつつあるは大いに強調すべきであらう。[illegible]

[illegible]といへよう。

總督は[illegible]「[illegible]

[illegible]るのである。」

[illegible]

[illegible]にある。[illegible]となつた。

[illegible]べきである。

京城日報

國民義勇隊朝鮮總司令部結成

鐵壁陣成る

半島、滅敵へ堂々進發

總司令に遠藤政務總監

社説

隊員の悲願

昨日八日、我々は[illegible]を新にして、[illegible]の[illegible]を[illegible]り、[illegible]の[illegible]公を[illegible]つて来たのであるが、けふ国民義勇隊結成の[illegible]に迎へた七月の大詔奉戴日ほど、隊員に迫る感激を覚えたことはない。それは恐らく半[illegible]二千六百年の[illegible]にもかつて[illegible]であることをはじて[illegible]はない。何故か。[illegible]けふの日より国民義勇隊としその新しき自覚と責任とに[illegible]つたからに外ならぬ。其我々の組織と団体は今個々別々のものから、国民義勇隊で[illegible]いなる組織に[illegible]せられ、巨大なる[illegible]火の[illegible]となつて[illegible]揮せんとしてゐるのだ。

職域の[illegible]はんとして担ひ得なかつた力と、抑へんとして抑へ得なかつた個々の[illegible]が即ち国民義勇組織の[illegible]力となつて今や[illegible]せんとしてゐるのである。

う[illegible]隊員[illegible]。己が[illegible]しき力と、小なる[illegible]が無限大に増大されることこそ一[illegible]以て国家興さんと[illegible]の[illegible]動員の[illegible]る。

[illegible]して、国民義勇隊結成の大号令は発せられた。我らは[illegible]隊伍を整へねばならぬ。そして[illegible]せねばならぬ。[illegible]く国民義勇隊としての[illegible]に[illegible]、今こそ[illegible]の戦士として[illegible]たのだ。[illegible]に及んで、[illegible]隊[illegible]は[illegible]ないか。そして[illegible]乱するのはないか。我々は[illegible]

人じて[illegible]と共に、否、日本の民衆の中[illegible]し不[illegible]にしてあらうとすれば我に其[illegible]を[illegible]はねば、[illegible]は[illegible]に[illegible]

[illegible]は先つ[illegible]として[illegible]となり、[illegible]に[illegible]の[illegible]を[illegible]ればならぬ。我ら[illegible]に[illegible]であらう。民族にはそれ[illegible]に[illegible]び立つてゐるのである。

生[illegible]てゐる。国民は[illegible]つてゐるのだ。其[illegible]を[illegible]の[illegible]

我々は[illegible]つては[illegible]ない。[illegible]五千[illegible]燃え[illegible]かしめよ。[illegible]ふ我々の[illegible]後の[illegible]国民組織が[illegible]の[illegible]となつからぬか、そして我々の大[illegible]が[illegible]の[illegible]の[illegible]ならぬか。[illegible]れ[illegible]の[illegible]しかく[illegible]つてゐるのだ。

總督府義勇隊結成式

民熱誠の結晶體

義勇と愛の隊伍組め

總司令挨拶

告辭

阿部信行

道司令部開設式

國民總力聯盟 十日解散式

(二)　昭和二十年七月八日

斷じて撃たん氣魄

義勇隊組織決意表明大會

勝機は今蹶然起て

[illegible]に際して　阿部総督放送

國民義勇隊員の決意

募集

締切十五日に延期

資格 一、志操堅固にして大體五十才位（三十歳位迄の[illegible]）とする 一、給料に關する 一、入隊者には正當の外給與として金二千圓位を支給する 一、期間七月十五日 一、應募者は本社事業部へ 一、入隊者發表七月廿日

京城日報社

『義勇隊に力を盡さう』

京城府七月の實踐徹底事項

京城府七月の實踐徹底事項は左の通り

◆國民義勇隊に力を盡すこと◆現金を手許に置かぬこと◆金屬をうんと節約すること◆思ひ切つて實踐すること

之等は國民義勇隊の結成と共に各町會班で相互に相勵まし強力なる實踐が要望される

鞘走る闘魂

區・聯合義勇隊 堂々の進發

敵撃攘へ百萬府民火の玉

朝鮮國民義勇隊一覽表

	司令	次長	顧問	參與	總務委員
總司令部	[illegible]	[illegible]	[illegible]	[illegible]	[illegible]
京畿道	生田淸三郎	[illegible]	[illegible]	[illegible]	[illegible]
慶南道	[illegible]	[illegible]	[illegible]	[illegible]	[illegible]
慶北道	金大羽	[illegible]	[illegible]	[illegible]	[illegible]
忠南道	[illegible]	[illegible]	[illegible]	[illegible]	[illegible]
咸南道	[illegible]	[illegible]	[illegible]	[illegible]	[illegible]
咸北道	[illegible]	[illegible]	[illegible]	[illegible]	[illegible]
黃海道	[illegible]	[illegible]	[illegible]	[illegible]	[illegible]
江原道	[illegible]	[illegible]	[illegible]		
平南道	古川兼秀	[illegible]	[illegible]	[illegible]	[illegible]

(註)八日附[illegible]

總力、皇土を防衛

辻聯合隊長の式辭

[illegible]

[illegible]

白髮染めて

八十翁驅付く

[illegible]隊を志願「必ずや御奉公」

隊員の決意と感激

職場戦場の心

『私』を一擲

實情に即して

敵前生活へ

断じて勝抜け義勇隊

奉戴日常會に總監全鮮に放送

[illegible]

昭和廿年七月八日

社説

義勇隊の指導者

全成果を擧げて投入

義勇隊の基盤推進力たらん

聲明書

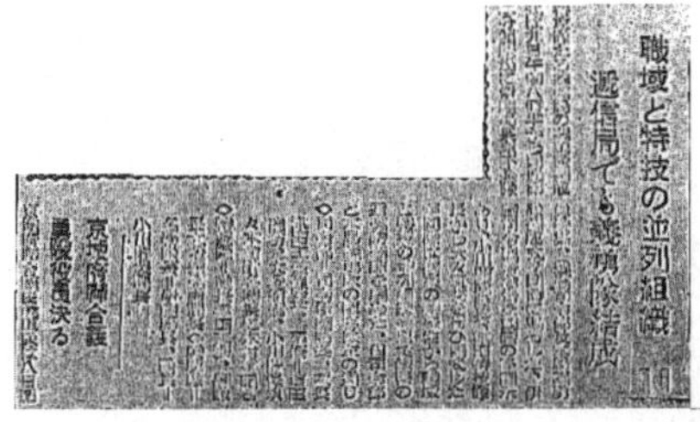

職域と特技の並列組織

逓信局でも義勇隊結成

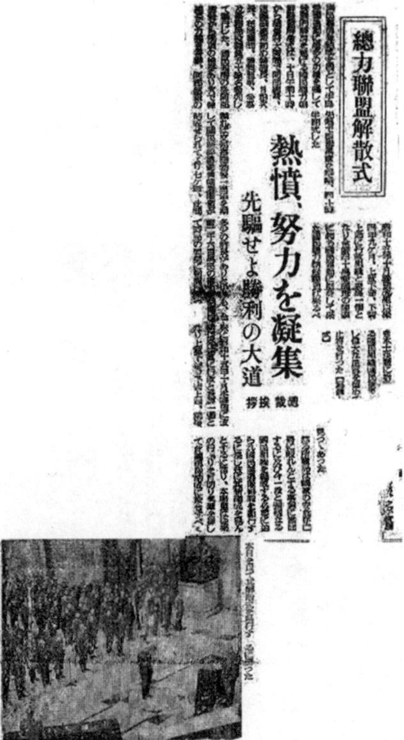

總力聯盟解散式

熱憤、努力を凝集

先驅せよ勝利の大道

締めよ兜の緒

日婦でも解散式

國民義勇隊員の決意

締切十五日に延期

募集

要領

京城日報社

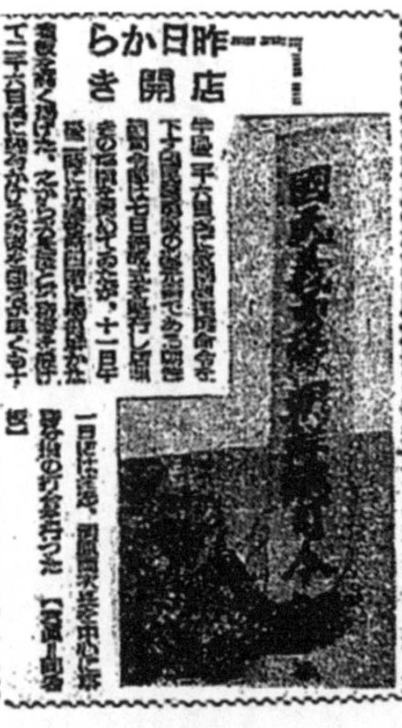

昨日から店開き

實踐力ある青年出でよ

義勇隊の活動 都市は職域隊を中心

語る人

渡邊次長

清原次長

國民義勇隊員の決意 募る

「國民義勇隊員の決意」を左の要領に依り廣く全半島に募る。本土決戦に挺身する隊員[illegible]の火と燃ゆる[illegible]をここに披瀝したいと思ひます。

◇要項 一、表現は平明簡潔にして[illegible]（字數は[illegible]）

[illegible]の[illegible]とする

一、用紙は[illegible] 一、入選者には、正賞の外副賞として金二千圓を贈呈する 一、締切は七月十五日 一、宛先は本社編輯室 一、入選は七月廿日附發表

愈々明日締切 京城日報社

交通義勇隊を結成

特技隊、職域義勇隊も同時に

戰局愈々緊迫し、本土決戦に敵を一擧に殲滅せんとする秋、交通局では曩に本局、助勇隊の全職員をもつて[illegible]を編成、[illegible]を完了したが、更に國[illegible]民義勇隊の全[illegible]編成に呼應、[illegible]を[illegible]とし[illegible]の外[illegible]の[illegible]化を[illegible]し全[illegible]の交通[illegible]を行つて一丸とする交通[illegible]國民義勇隊を結成することになり十二日本局、地方局[illegible]全[illegible]に[illegible]二階に結成式を擧行した

此交通義勇隊は交通局は地方交通局の[illegible]、[illegible]、[illegible]、工場、[illegible]、[illegible]及[illegible]の各部門、[illegible]、[illegible]所、外[illegible]の

全員を[illegible]とすると共に[illegible]に[illegible]ある[illegible]、[illegible]以て[illegible]國民義勇隊を結成、交[illegible]隊の司令部は交通局に[illegible]を[illegible]が司令となり國民[illegible]司令部に直[illegible]する、[illegible]の[illegible]、[illegible]、[illegible]の[illegible]

[illegible]に[illegible]、[illegible]、[illegible]は[illegible]、自[illegible]、[illegible]、防[illegible]、[illegible]の[illegible]に[illegible]を[illegible]月の一日、十[illegible]日から[illegible]ら二[illegible]を行ふ

本府義勇隊の、全職員が擔任

訓練要綱決る

[illegible]に[illegible]國民義勇隊に[illegible]、[illegible]司令部に[illegible]し其他の[illegible]

國民義勇隊員の決意 募る

「國民義勇隊員の決意」を左の要項に依り遍く全半島に募る。本土決戦に待機する隊員諸君の火と燃ゆる闘魂をここに蒐集したいと思ひます。

◇要項 一、表現は平明簡潔にして大體五箇條（字數は皇國臣民の誓詞程度）とする

一、用紙は葉書に限る 一、入選者には、正賞の外副賞として金一千圓也を贈呈する 一、締切は七月十五日

一、宛先は本社輿論調査班 一、入選は七月廿日附發表

愈々本日締切 京城日報社

義勇隊かく戰はん 下

精神訓練が根基

實践力を發揮

先づ食糧增産

獨自の戰闘態勢

軍官民一體

町総代が中隊長を専任

府聯合義勇隊役員會で決定

社告

本社に於て募集中の『國民義勇隊員の決意』は各方面に非常な反響を呼び十五日を以て一應〆切りましたが〆切後も現下の緊迫状態から、地方の應募相次いで殺到し目下各方面の權威を煩し慎重審査を致して居ります、就ては廿日發表の豫定でありましたが右の如き事情の發表を廿五日に延期致します、御諒承願ひ上げます

七月廿日　京城日報社

急げ職域義勇隊の結成

廿日迄に届出ねば地域編入

京城府聯合國民義勇隊では府内各職域義勇隊の結成届出が少しくたく現在届出のあったのは僅五十隊で半數に滿たない狀態なので、廿日迄に府總力課に届出のないものは一應地域義勇隊に編入する、職域義勇隊員でも其職任務に支障のない範圍内で地域義勇隊の役員分隊長其他を兼任することは出來、地域義勇隊の強化を圖る

總督府義勇隊の初訓練

總督府國民義勇隊の初訓練は廿日午後三時から副隊長武内少將顧問官となり總督府編成を行

つた、各隊毎に室内の警備態勢部屋の防衛検査、事務振り等の内務検査を實行同五時終了した尚廿一日も服務編成を續け來る來月からは戰闘訓練に移る

初の義勇戰闘隊

鐵道に編成下令

作戰輸送を徹底強化

陸軍省發表（昭和二十年七月二十三日）七月二十三日鐵道義勇戰闘隊に對し、戰闘隊の編成を下令せられたり

遞信等も近く編成

[illegible]を勝抜く義勇兵役の國下してその國民義勇隊は組織、訓練を通して戰闘隊に移行しつゝある外全國職域義勇隊移行の態勢を固めて鐵道義勇戰闘隊が編成を下令八月一日以降全國的には鐵道に關する限り完全に軍命令下に入り、本土戰場化に直面する作戰輸送の完遂に邁進する他方通信關係も今後その機會に戰闘隊に轉移せられる豫定であるが、既に土建關係、軍需生産工場等も戰闘隊移行の準備が着々と進められてゐる模樣で、今後情勢の緊迫化と共に重要職域に於る義勇戰闘隊の編成は從來に倍して促進せられるものと期待される

然して鐵道、通信兩部門に於る義勇戰闘隊の編成下令が、鐵道部門に於けて實施せらるべきことは義勇兵役法制定當時より豫定されたる所で

一、鐵道、通信は戰力增强、防衞強化の神經系統であり、如何なる事態下にもこれを確保する爲の組織と規律を要すること

二、敵の本土上陸作戰近迫と共に、防衞戰闘準備の爲鐵道、通信の作戰的性格が急速に濃化しつゝあること

三、南方作戰基地の喪失に伴ひ敵は從來の都市爆撃に附加する交通、通信、路線破壊を一段と強め、交通、通信、路線に對する本格的破壊企圖が漸次顯現化しつゝあること

等より見る時此兩部門を天皇御親率の軍隊として作戰防衞に直結し與に完全に運營する體制を完成したる意義は極めて大きい、此の點陸軍省兵務局長は「義勇兵役法公布に際し鐵道、通信等の如き職域に於ては義勇戰闘隊たらしめる必要が大であり、此の點は敵の爆撃目標となる軍需工場等に就ても同樣である、敵の熾烈なる空襲下に於ても交通、通信を確保し軍需品の生産を低下せしめざる爲には軍隊の下、生命の危險をものともせず各自任務を完遂せしむるため、戰闘意識たらしむることが必要と考へられる、之らの職域義勇隊は他の義勇隊と比較して相當早目に編成下令があるものと考へる」と編成下令の目的意義を明かにしてゐる、鐵道、通信兩部門の義勇戰闘隊の編成系統も既に國民義勇戰闘隊統率令に於て明示されてゐるが、鐵道に關する限り既に本官が指揮組織を統帥してゐるので、戰闘隊移行は容易に行はれる

次に全國的化の[illegible]通信について義勇戰闘隊編成を豫定されるものは、軍需、土建並に土木建築部門である、生産の原動力は飽くまでも人にあり勤勞者が從來の如き環境、職場を脱して天皇御親率の軍隊となることを如何に意識してゐるかと云へば、生産戰闘の根本的轉換はこの一點以外には有り得ない

朝に夕に撃敵の誓

國民義勇隊員の決意入選發表

本社募集

二千六百萬擧つて齊唱

入選

我等は○○國民義勇隊員なり

一、我等は大詔を奉戴し奮つて聖任を完遂す

二、我等は總力を結集し奮つて皇土を防衞す

三、我等は仇敵を撃滅し奮つて國威を發揚す

戰爭一本に直結

出動時の經費は受益者が負擔

「國民義勇隊」の運營

具體方策を評定

第一回指導委員會

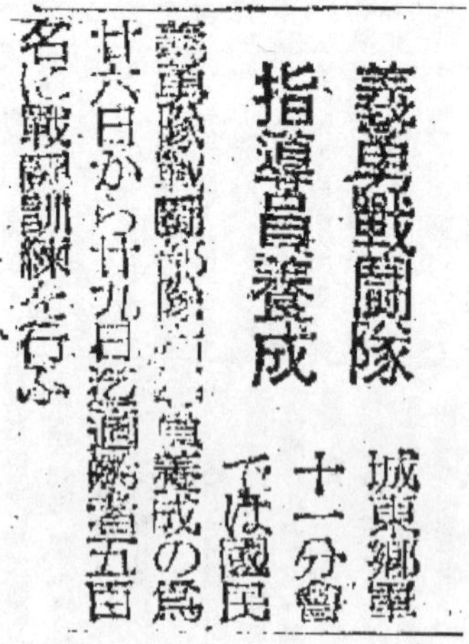

義勇戰鬪隊

指導員養成

城東郷軍

十一分會では國民義勇隊戰鬪部隊の指導員養成の爲廿六日から廿九日迄適格者五百名に戰鬪訓練を行ふ

毎月八日を中心に 地、職域で總訓練

第一回指導委員會で決定

義勇隊の活動方策

精神、増産、戦技、防衛等を鍛錬

實踐行動が生命

自發的精神に徹せよ

總司令挨拶

員を追加

員を追加

國民總力朝鮮聯盟今回では役員増加に就て銓衡中であつたが、此程顧問一名、參與十九名、評議員十一名を新に委囑した

◇顧問 田中國三郎、入見[illegible]郎

◇參與 石原磯[illegible]、朴春琴、朴錫胤、高橋濱吉、張[illegible]、高元勳、[illegible]、[illegible]交一、李相協、[illegible]、久保田豊、洪[illegible]、吳[illegible]

◇評議員 任[illegible]、[illegible]、[illegible]、山本[illegible]、[illegible]、[illegible]、[illegible]、[illegible]、[illegible]、[illegible]、香山光郎、谷多[illegible]、平松[illegible]

隊長の指揮で奉戴式

毎月八日と義勇隊實施要領

大詔奉戴の意義と必勝信念を毎月八日に誓ふ詔書奉戴式は[illegible]、國民義勇隊司令部で實施要領を頒つてゐたが、左の如く決定した

國民義勇隊は各隊毎に隊長指揮の下、國旗掲揚、宮城遙拜、國歌奉唱、詔書奉讀、必勝祈念、戰歿將兵黙禱、[illegible]下の式次第で[illegible]に行ひ、終了後[illegible]

◇毎月八日朝（時刻は適宜）職域、町會等の各隊毎に始める、但一日の[illegible]は[illegible]實施するが地域隊は町會や部落單位に、職[illegible]

京畿道小運搬統制組

道義勇小運搬隊本部を設置

京畿道小運搬統制組合聯合會では有事に備へ國防の第一線に飛出す牛馬車の非常訓練を實施すると共に總動員體勢を強化する爲、同聯合會内に京畿道義勇小運搬隊本部を設置、部長に牧山仁亮氏が就任した

船舶隊に 戰鬪隊編成下令

八月一日付を以て[illegible]より[illegible]船舶[illegible]に對し『[illegible]』の編成が下令されることとなり、廿一日[illegible]より公表された

[illegible]

（昭和廿年七月[illegible]）

徵兵制布かれて二周年

擊敵の決意新た

義勇隊戰列へ擧鄕一致

[illegible]

義勇隊よ果敢に行動

渡邊總司令部次長常會放送

國民義勇隊總司令部次長渡邊豐日子氏は一日午後八時から半島二千六百萬義勇隊員に國民義勇隊の使命を闡明すると共に總隊員の奮起を要望して京城中央放送局から要旨左の如き隊常會向け放送を行つた

義勇隊の使命は今日の非常に備へて隊員各自が日々の職任を充分に果し、更に戰爭遂行上特に緊急な仕事に必要に應じて義勇隊として出動し、敵

[illegible]が身邊に迫つて來た場合、自ら武器を執り、[illegible]を振りかざして敵ちこれを打ち倒し[illegible]光榮ある[illegible]く事である、義勇隊は[illegible]評定をする様な[illegible]ものではなく、實[illegible]である、誰でも他人の[illegible]を待たず明日からでも[illegible]實行に移す事を切に望んで止まぬ

狙ひは團結の強化

國民義勇隊の訓練要綱決る

本土[illegible]に備へ半島二千六百萬[illegible]の訓練を行ひ[illegible]國民義勇隊訓練要綱が決定した、此要綱に依て各隊の[illegible]統合訓練が實施されるが狙ひは[illegible]下組織を強化し[illegible]たる[illegible]する[illegible]に即した[illegible]

[illegible]の確立を期せんとするもので訓練、生活、[illegible]を主として[illegible]隊の[illegible]なる[illegible]は次の[illegible]

◇精神訓練　必勝の大信念の下に[illegible]を涵養する

◇生活訓練　日常生活の[illegible]化を[illegible]り[illegible]心を涵養する

◇職任訓練　[illegible]に依り各自の職任を[illegible]し[illegible]の[illegible]

◇[illegible]訓練　[illegible]及能力の[illegible]

◇防衞訓練　[illegible]に備へ[illegible]し防[illegible]の[illegible]訓練を實施する

以上の[illegible]に依り訓練の日常生活化を圖る一方[illegible]としての[illegible]並に男女[illegible]の訓練を[illegible]に實施する、[illegible]の訓練[illegible]

[illegible]の確立を[illegible]り、[illegible]

職域戰闘隊こそ
最後的勤勞組織

淺川少佐談

[illegible]

國民義勇兵役屆
近く受付を開始
戰闘隊への法的措置

[illegible]

男子十五歳以上六十歳迄
召集中も從來の身分は不動

[illegible]

船舶救難 戰闘隊編成下令

船舶救難戰闘隊要綱

撃滅行を前に隊長の訓示をきく荒鷲たち

近く勤勞挺身隊を編成

義勇隊の本領發揮

命令一下、職域、地域から出動

錬る闘魂と實力

男女青年を大いに訓練

廿七日迄に着校

八日の奉戴式

ラジオの司會ありません

各隊毎にこの式順で實施

曉を衝いて在支米空軍撃碎に向ふ隼戰闘隊

初の義勇隊號を獻納

平北定州から翼へ四十萬圓

國民義勇隊員の決意

京城日報社に於て『國民義勇隊員の決意』を廣く公募に募り厳選の上決定されたのが即ち別項のものであつた

此『國民義勇隊員の決意』には、先づ言葉に『我等は〇〇國民義勇隊員なり』といふ一句を入れ、此自覚と矜持の下に挺身して[illegible]

國民義勇隊の本質と志向に即應する綱領と決意とを表明するのである。

一、我等は大詔を奉戴し 誓つて職任を完遂す

此大東亜戦争に與び勝つ爲に我等が遵守すべき道は、米英に對し宣戦を布告された大詔の中に詔示されてゐる。即ち畏みて拝するに、陛下は『朕ガ陸海将兵ハ全力ヲ奮テ交戦ニ従事シ朕ガ百僚有司ハ勵精職務ヲ奉行シ朕ガ衆庶ハ各々其ノ本分ヲ盡シ億兆一心國家ノ總力ヲ擧ゲテ征戦ノ目的ヲ達成スルニ遺算ナカラムコトヲ期セヨ』と仰せられてゐるのである。武官たると文官たるとを論ぜず、将又朝にあると野にあるとを問はず、今此戦に勝つ道は、我等が心を一にし、總力戦の戦士として其職任を完遂すると只一筋である。本年七月七日發せられた阿部總督の諭告[illegible]又は偶然に[illegible]之を戦力化するの決意を以て挙身一切を擧げて敢闘以て戦線の[illegible]に當るべく、其家族亦銃後の戦士をして後顧の憂なく職任に挺身せしむるの[illegible]あるを要す。其他各種の職域に従ふ者何れも國家戦力増強の戦士たるの自覚に些の弛緩あるを許さず』と。是は職任完遂の中核として生産の綱領を採上げられたものと感ぜられるが、凡そ[illegible]は、よし[illegible]戦闘、國難の克服に邁進し以て決戦の陣營に[illegible]せむとを誓ひて已まず』と示されてゐる。而も總力は之を結集するといふだけでは不十分である。之を喚び激しく放出すべきである。決戦の際一句に於て特に『戦闘』の如き厳しい文字を[illegible]つたのはさう[illegible]し之を確めてのものである

國民義勇隊員の決意

我等は〇〇國民義勇隊員なり

一、我等は大詔を奉戴し 誓つて職任を完遂す

二、我等は総力を結集し 誓つて郷土を防衛す

三、我等は仇敵を撃滅し 誓つて國威を發揚す

億一心、戦勝完遂へ

要は誓つて三項目の實踐

於て國民[illegible]に皆つその大[illegible]であるが、其中に、此[illegible]を[illegible]めて、而かに[illegible]物[illegible]であるの。曰く『[illegible] [illegible] 惜[illegible]し、「[illegible]の[illegible]、一[illegible]の小と[illegible]すべく、任[illegible]エ、[illegible]に[illegible]は[illegible]最大限の[illegible]力を[illegible]し、盡く[illegible]力、一[illegible]の[illegible]となつて[illegible]べきであらう。[illegible]や大[illegible]に『[illegible]一心』と仰せられる所以であると[illegible]する。

二、我等は總力を結集して皇土を防衛す

[illegible]も[illegible]の大[illegible]には『[illegible]ノ[illegible]力ヲ[illegible]ゲテ』と仰せられてゐる。[illegible]に於ても[illegible]國民の[illegible]く[illegible]心[illegible]として[illegible]は[illegible]『[illegible]所中心[illegible]』と[illegible]してあるが、[illegible]に[illegible]して皇土を防衛すべき[illegible]に[illegible]くの[illegible]しといひたい。去る六月廿六日の[illegible]に『各々其の[illegible]に[illegible]して、[illegible]十[illegible]を[illegible]し、[illegible]の[illegible]力を[illegible]けて[illegible]を[illegible]の外に[illegible]べきのみ』とあるが、『[illegible]に[illegible]して』[illegible]任を完遂すると[illegible]に輝く國民[illegible]の任務は更に『[illegible]の外に[illegible]』[illegible]土防衛に在るのである。そして[illegible]に於ては

『[illegible]・[illegible]二關スル[illegible]エ[illegible]ハ作業ニシテ[illegible]スルルモノ』又は『[illegible]、[illegible] [illegible]ノ[illegible]ノ作[illegible]ニ對スル[illegible]等、[illegible]其ノ他ノ[illegible]』

の[illegible]を[illegible]せる[illegible]に[illegible]して、[illegible]に[illegible]に出動するを[illegible]のみならず、[illegible]に[illegible]して、天[illegible]の[illegible]となり『天[illegible]』[illegible]の[illegible]この皇土を[illegible]らの[illegible]土、[illegible]の[illegible]においてその[illegible]命を[illegible]けて守[illegible]す』（[illegible]）[illegible]であるのである。祈る[illegible]に於ては、[illegible]は今[illegible]された[illegible]に[illegible]る[illegible]に[illegible]することになる。さはいふ[illegible]もなく一[illegible]と[illegible]なる[illegible]國民の[illegible]である。[illegible]も[illegible]の[illegible]に[illegible]つて盡くも[illegible]を[illegible]つた。

『[illegible]ハ[illegible]ノ[illegible]ニ[illegible]シ[illegible]良ナル國民ガ[illegible]皇土ヲ防衛シテ國[illegible]ヲ[illegible]セムトスルヲ[illegible]シ』

との[illegible]を[illegible]したのである。『總力を[illegible]して』は、とりもなほさず[illegible]せんとするにある。[illegible]の[illegible]の[illegible]に外ならぬ。[illegible]も[illegible]するのは、[illegible]紀を以て[illegible]すべきであらう。

三、我等は敵を撃滅し、誓つて國難を突破す

改めていふまでもなく米英は人類の敵であり、正義の敵である。大[illegible]と[illegible]せられる所以のものは、即ち此人類の敵、正義の敵を撃滅せんが為の[illegible]からである。我等は[illegible]昭す、日本海々戰に[illegible]して東郷大將の第一報『敵艦見ユトノ警報ニ接シ聯合艦隊ハ直ニ出動之ヲ撃滅セントス』といふあの大文字を。世界[illegible]に[illegible]の[illegible]たる[illegible]を[illegible]めた此一[illegible]こそ、[illegible]の[illegible]である。『よろしく[illegible]を[illegible]し[illegible]つて[illegible]の[illegible]を[illegible]すべし』と[illegible]も[illegible]してゐる（[illegible]二）よろしく[illegible]を[illegible]して[illegible]に[illegible]すべし斯くして[illegible]る。[illegible]の上に

『[illegible]ヲ[illegible]シテ[illegible]』

と仰せられるところに[illegible]に[illegible]のみを[illegible]して[illegible]に[illegible]のである。

要約すれば（イ）[illegible]（ロ）皇土防衛（ハ）[illegible][illegible]も[illegible]の三[illegible]である。[illegible]ある[illegible]らかにこ[illegible]、[illegible]にこれ[illegible]を[illegible]されたいものである。

初の義勇隊査閲

七日・八日各區毎に

京城府内各地區國民義勇隊は此程一部を除いて略結成完了したので京城地區司令部、京畿道國民義勇隊司令部、京城府聯合國民義勇隊本部の共同主催で府内全中隊、小隊に對する第一回査閲を七、八日の両日に亘り左の順序で各區毎に施行する

◇七日午前八時—九時中區、十時—十二時鍾路、午後二時—三時東大門、三時—五時城東

◇八日八時—十時西大門、十時—十二時麻浦 一時—三時龍山、三時—五時永登浦

社説

義勇隊最初の大詔奉戴式

[illegible]

國民義勇隊員の決意

我等は〇〇國民義勇隊員なり

一、我等は大詔を奉戴し　誓つて職任を完遂す

二、我等は總力を集結し　誓つて皇土を防衛す

三、我等は仇敵を撃滅し　誓つて國威を發揚す

義勇隊初の大詔奉戴日

我ら總力を雷發

けふ一齊に奉戴式

義勇隊幹部に軍隊教育

義勇隊査閲

德壽宮廣場で

義勇隊の抱負

振へ若き智と熱

放棄せよ官製運動

盛上る運動なし

指導は『中から』

青年の奮起に俟つ

義勇隊に戦闘訓練

郷軍は地域隊に協力

疎開学童に親心

生必品は特配

授業もその儘継続

固む持場死守の決意

職域隊は別個に

地域隊は町會長等が任意實施

出動期間卅日以内

[illegible]

義勇隊の勤勞出動

[illegible]

學徒隊の運營に萬全

[illegible]

義勇隊の抱負

振へ若き智と熱

放棄せよ官製運動

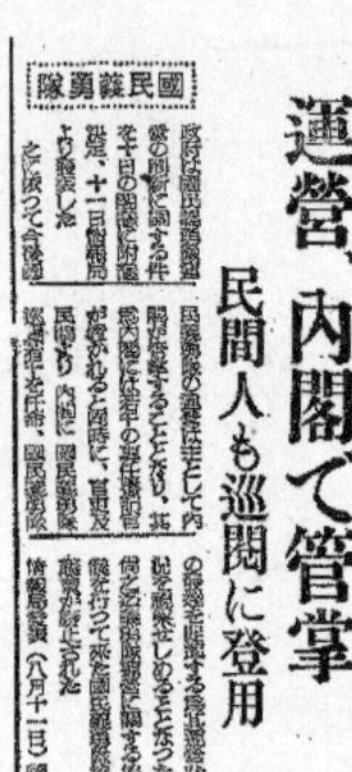

運營、内閣で管掌

民間人も巡閲に登用

國民義勇隊

政府は國民義勇隊[illegible]の[illegible]に關する件を十日の閣議に附議決定、十一日情報局より發表した 之に依つて今後國民義勇隊の運營は主として内閣が[illegible]することとなり、其[illegible]内閣には若干の專任[illegible]が置かれると同時に、官吏及民間より内閣に國民義勇隊[illegible]を任命、國民義勇隊の[illegible]を[illegible]する[illegible]状況を視察せしめることとなつた[illegible]に關する協議を行つて來た國民義勇隊[illegible]は廢止された

情報局發表（八月十一日）國民義勇隊に關する件

一、[illegible]國民義勇隊の運營に關し[illegible]を指示する場合に於て重要なる事項は内閣（内閣書記官長）に合議の上之を發すべきこと

二、内閣は國民義勇隊に關し各省に對し必要なる指示を爲すことを得ること

三、前二項の事務を處理する爲内閣書記官長[illegible]内閣[illegible]若干人を增員すること

四、内閣に國民義勇隊[illegible]（勅任）若干人を置き國民義勇隊の[illegible]を[illegible]狀況を視察せしむること

五、國民義勇隊[illegible]に關する事務を[illegible]する[illegible]若干名を置くこと

備考 一、國民義勇隊に關する各省間の事務の分擔は概ね現行の儘とすること

この事態は當然

義勇隊よ・今こそ揮へ超人力

義勇隊總司令部 渡邊次長に聽く

米英は本土に、半島に非人道的な爆撃暴虐を行ひソ聯はわが半島の北端に侵攻して來た、半島は直に最悪の局面に立つたのだ

阿部總督の布告には『總へ戰ふ戰士を[illegible]すべての[illegible]じて[illegible]時[illegible]るを[illegible]』と[illegible]てゐる我等は[illegible]今後へて[illegible]に[illegible]すべきか、[illegible]總司令部[illegible]

實に最悪の状態が到來した、ソ聯侵攻の事實には驚いた人も多かつたと思ふ、然し戰爭は最初から斯る最悪の事態を想定に入れて始めるものであり、國民義勇隊の國民組織、特にこの[illegible]に備へて組成されたものだ、今度漸くにして[illegible]、阿部總督の布告の一字一句は我等の[illegible]として肝に銘ずべき言葉だ

今や我等は老若男女を問はず義勇隊員として戰列に在る、戰列に在る者のなすべきことは戰鬪の外はない、[illegible]の[illegible]、戰鬪と[illegible]て敵の砲火の中に[illegible]我等の[illegible]を[illegible]すべき[illegible]

一切の行動が[illegible]的なものでなければならない、[illegible]中に[illegible]して[illegible]だ、[illegible]の[illegible]では[illegible]ならぬ、[illegible]の[illegible]でなしに一人々々が、一つくの[illegible]となり國民義勇隊が[illegible]な一つの存[illegible]とならなければならない、其爲には特に指導者が[illegible]以て[illegible]的な[illegible]力を[illegible]し各細胞の[illegible]を[illegible]してその力を最大限に發揮させねばならぬ、[illegible]千篇一律的な[illegible]主義や[illegible]な[illegible]へ主義は斷然排すると[illegible]だ、敵の[illegible]に[illegible]て[illegible]分の父母妻子や[illegible]を失つた人の心はどうであらう、國民義勇隊はその[illegible]を[illegible]して敵に[illegible]して

[illegible]させる[illegible]でなければならぬ、各自は[illegible]になつて[illegible]の中に[illegible]め、この[illegible]は[illegible]の[illegible]でもない、我等[illegible]の[illegible]なのだ、國民の[illegible]は[illegible]人となると[illegible]として[illegible]と[illegible]の[illegible]に[illegible]その外に無い、[illegible]る、今[illegible]か[illegible]んだ、敵は[illegible]ありとても[illegible]如く[illegible]のである

▣ 관련 법령 등 목록(제정일 순서)

구분	일자	제목	참고사항
각의결정	1945.3.23	국민의용대 조직에 관한 건	
각의결정	1945.4.2	국민의용대 조직에 관한 건	
각의결정	1945.4.13	국민의용대 조직에 관한 건	
각의결정	1945.4.13	상세급박한 경우에 따른 국민 전투조직에 관한 건	
행정지침	1945.4.14	국민의용대 조직에 관한 건	
특고지침	1945.4.15	국내특공대 기타 이에 유사한 민간운동의 지도 단속에 관한 건	
행정지침	1945.4.24	국민의용대조직과 경방단간 관계에 관한 건	
각의결정	1945.4.27	국민의용대 조직운영지도에 관한 건	
각의결정	1945.4.27	국민의용대협의회에 관한 건	
행정지침	1945.5.7	국민의용대 결성에 관한 건	
각의료해(了解)	1945.5.8	국민의용대 조직에 따른 대정익찬회, 익찬장년단 및 대정익찬회 소속단체 조치에 관한 건	
내무통첩	1945.4.30	국민의용대조직에 관한 요강	
내무통첩	1945.6.9	국민의용대운영에 관한 통첩	
칙령	1945.6	국민의용대 사무국 관제	
법률	1945.6.22	의용병역법	
칙령	1945.6.22	의용병역법 시행령	
군령	1945.6.23	국민의용전투대 통솔령	
육해달	1945.6.24	국민의용전투대 교령	
육군해군성령	1945.7.5	의용병역법 시행규칙	
조선총독유고	1945.7.7	유고(諭告)	국민의용대 결성 관련
칙령	1945.8.15	내각에 국민의용대 순열(巡閱)을 설치하는 건	
칙령	1945.8.20	국민의용대 해산에 관한 건	
각의결정	1945.8.21	국민의용대 해산에 관한 건	
칙령	1945.10.24	군사특별조치법폐지등에 관한 건	의용병역법 폐지 관련

▣ 의용병역법

上諭
朕ハ曠古ノ難局二際会シ忠良ナル臣民等勇奮挺身皇土ヲ防衛シテ国威ヲ発揚セムトスルヲ嘉シ帝国議会ノ協賛ヲ経タル義勇兵役法ヲ裁可シ茲二之ヲ公布セシム

御名 御璽

昭和 20年 6月 22日

關係國務大臣

法律 第39號
義勇兵役法

第１条
大東亜戦争ニ際シ帝国臣民ハ兵役法ノ定ムル所ニ依ルノ外本法ノ定ムル所ニ依リ兵役ニ服ス
本法ニ依ル兵役ハ之ヲ義勇兵役ト称ス
本法ハ兵役法ノ適用ヲ妨グルコトナシ

第２条
義勇兵役ハ男子ニ在リテハ年齢１５年ニ達スル年ノ１月１日ヨリ年齢６０年ニ達スル年ノ１２月３１日迄ノ者(勅令ヲ以テ定ムル者ヲ除ク)、女子ニ在リテハ年齢１７年ニ達スル年ノ１月１日ヨリ年齢４０年ニ達スル年ノ１２月３１日迄ノ者之ニ服ス前項ニ規定スル服役ノ期間ハ勅令ノ定ムル所ニ依リ必要ニ応ジ之ヲ変更スルコトヲ得

第３条
前条ニ掲グル者ヲ除クノ外義勇兵役ニ服スルコトヲ志願スル者ハ勅令ノ定ムル所ニ依リ之ヲ義勇兵ニ採用スルコトヲ得
前項ノ規定ニ依ル義勇兵ノ服役ニ関シテハ勅令ノ定ムル所ニ依ル

第４条
６年ノ懲役又ハ禁固以上ノ刑ニ処セラレタル者ハ義勇兵役ニ服スルコトヲ得ズ但シ刑ノ執行ヲ終リ又ハ執行ヲ受クルコトナキニ至リタ

ル者ニシテ勅令ヲ以テ定ムルモノハ此ノ限ニ在ラズ

第5条
義勇兵ハ必要ニ応ジ勅令ノ定ムル所ニ依リ之ヲ召集シ国民義勇戦闘隊ニ編入ス
本法ニ依ル召集ハ之ヲ義勇召集ト称ス

第6条
義勇兵役ニ関シ必要ナル調査及届出ニ付テハ命令ノ定ムル所ニ依ル

第7条
義勇召集ヲ免ルル為逃亡シ若ハ潜匿シ又ハ身体ヲ毀傷シ若ハ疾病ヲ作為シ其ノ他詐偽ノ行為ヲ為シタル者ハ2年以下ノ懲役ニ処ス
故ナク義勇召集ノ期限ニ後レタル者ハ1年以下ノ禁錮ニ処ス

第8条
前条ノ規定ハ何人ヲ問ハズ帝国外ニ於テ其ノ罪ヲ犯シタル者ニモ亦之ヲ適用ス

第9条
国家総動員法第4条但書中兵役法トアルハ義勇兵役法ヲ含ムモノトス附則本法ハ公布ノ日ヨリ之ヲ施行ス

附則
本法ハ公布ノ日ヨリ之ヲ施行ス
朕義勇兵役法施行令ヲ裁可シ茲二之ヲ公布セシム
御名 御璽
昭和 20年 6月 22日

内閣總理大臣
海軍大臣
陸軍大臣
内務大臣

▣ 주요 각의결정 자료

国民義勇隊組織ニ関スル件
昭和20年3月23日　閣議決定[85]

現下ノ事態ニ即シ本土防衛態勢ノ完備ヲ目標トシ当面喫緊ノ防衛及生産ノ一体的飛躍強化ニ資スルト共ニ状勢急迫セル場合ハ武器ヲ執ツテ蹶起スルノ態勢ヘ移行セシメンガ為左記ニ依リ全国民ヲ挙ゲテ国民義勇隊ヲ組織セシメ其ノ挺身総出動ヲ強力ニ指導実施スルモノトス
尚之ガ円滑適正ナル実行ヲ期スル為地方行政協議会長ヲシテ関係軍管区司令官及鎮守府司令長官、警備府司令長官等ト緊密ニ連繫シ夫々事態ノ推移ト管内ノ実情ニ即スル如ク措置セシムルモノトス
記
一、目的
国民義勇隊ハ隊員各自ヲシテ旺盛ナル皇国護持ノ精神ノ下其ノ職任ヲ完遂セシメツツ戦局ノ要請ニ応ジ左ノ如キ業務ニ対シ活発ニ出動スルモノトス
(一)防空及防衛、空襲被害ノ復旧、都市及工場ノ疎開重要物資ノ輸送、食糧増産(林業ヲ含ム)等ニ関スル工事又ハ作業ニシテ臨時緊急ヲ要スルモノ
(二)陣地構築、兵器弾薬糧秣ノ補給輸送等陸海軍部隊ノ作戦行動ニ対スル補助
(三)防空、水火消防其ノ他ノ警防活動ニ対スル補助
尚状勢急迫セル場合ニ応ズル武装隊組織及其ノ出動ニ関シテハ特別ノ措置ヲ講ズルモノトス

二、組織
(一)国民義勇隊ハ官公署、会社、工場事業場等相当多数ノ人員ヲ擁スルモノニ付テハ当該職域毎ニ其ノ他ノモノニ付テハ一定ノ地域毎ニ之ヲ組織セシムルモノトス

85) http://rnavi.ndl.go.jp/politics/entry/bib00615.php

尚学校ニ付テハ別ニ定ムル学徒隊ノ組織ニ依ルモ前項ノ業務ニ付テハ国民義勇隊トシテ出動スルモノトス

(二)国民義勇隊ニ参加セシムベキ者ハ老幼者､病弱者妊産婦等ヲ除クノ外可及的広汎ニ包含セシムルモノトス

註一､右ノ範囲ハ国民学校初等科修了以上ノ者ニシテ男子ニ在リテハ六十五歳以下女子ニ在リテハ四十五歳以下ノモノトス但シ右ノ年齢以上ノ者ニ在リテモ志願ニ依リ参加セシム

二､家庭生活ノ根軸タル女子ニ付テハ組織及運用ニ付特別ノ考慮ヲ払フモノトス

(三)国民義勇隊ハ一般ニ職域毎ニ組織スルモノハ職場､地域毎ニ組織スルモノハ一定ノ地域ニ依リ夫々一定ノ基準ニ従ヒ男女別ニ之ヲ編成セシムルモノトス

尚出動業務ノ必要ニ応ジ最モ有効適切ニ活動シ得ル如ク隊員ノ年齢､体力､職種等ヲ標準トシテ特別ノ出動編成ヲモ併セ考慮セシムルモノトス

(四)都道府県毎ニ国民義勇隊本部ヲ設ケ当該区域内国民義勇隊ヲ統轄セシム

本部長ハ地方長官トス

市区町村隊ノ隊長ハ市区町村長トス

三､運用

(一)国民義勇隊ノ出動ハ本部長又ハ其ノ定ムル所ニ従ヒ各隊長ニ於テ其ノ必要アリト認メテ自ラ之ヲ為ス場合ノ外出動要請ニ基キ之ヲ行フモノトス

(二)原則トシテ国民義勇隊ノ出動要請ハ地方長官ニ対シテ之ヲ為シ地方長官之ガ出動指令ヲ発スルモノトス

(三)国民義勇隊ハ軍部隊ノ補助ノ為出動スル場合ハ当該陸海軍部隊長ノ指揮ヲ受ケ警防活動ノ補助ノ為出動スル場合ハ当該官署長ノ指揮ヲ受クルモノトス

其ノ他ノ業務ノ為出動スル場合ハ当該工事又ハ作業ノ施行者ノ要請ニ従ヒ行動スルモノトス

四、其ノ他
(一)国民義勇隊ノ出動ニ要スル経費ハ其ノ目的ニ応ジ軍、政府、公共団体又ハ其ノ出動ノ受益者ニ於テ負担スルヲ原則トス
(二)国民義勇隊ノ組織運用等ニ関シテハ在郷軍人会、警防団等ト互ニ齟齬スル所ナカラシメ彼此両全ヲ期スル如ク配意スルモノトス
(三)農山漁村ニ在リテハ食糧増産等ニ関スル農林水産業者ノ活動ヲ徹底セシムルヲ旨トシ国民義勇隊ノ組織運用等ニ当リテハ之ト齟齬セザル様特ニ配意スルモノトス
(四)本組識ノ指導的要員ニ付テハ官民有識者ノ挺身協力ヲ予定ス
備考
一、本件ト表裏シテ軍隊ニ於テモ警防、建設、生産、輸送等ニ対シ積極的ニ応援協力スルモノトス
二、国民義勇隊員タル農林水産業者ノ目的第一項中ノ食糧増産等ニ対スル出動ハ現行制度ニ依ルモノトス
三、本件ニ関スル運用上必要ナル細目ハ別ニ之ヲ定ム

国民義勇隊ノ組織ニ関スル件
昭和20年4月2日　閣議決定[86)]

一、国民義勇隊ニ内閣総理大臣ヲ総司令トスル中央機構ヲ設置スルコト
二、国民義勇隊ノ組織及其ノ推進ニ付テハ差当リ大政翼賛会、翼壮ノ機構ヲ活用スルコト
三、国民義勇隊ノ中央、地方ノ機構成ルト同時ニ大政翼賛会、翼壮ヲ解体スルコト
四、大政翼賛会所属ノ各団体モ事情ノ許ス限リ逐次国民義勇隊ニ解体参加セシムルコト

国民義勇隊組織ニ関スル件
昭和20年4月13日　閣議決定[87)]

86) http://rnavi.ndl.go.jp/politics/entry/bib00617.php
87) http://rnavi.ndl.go.jp/politics/entry/bib00619.php

一､昭和二十年三月二十三日閣議決定国民義勇隊組織ニ関スル件ハ状勢急迫セル場合ニ応ズル国民戦闘組織ニ照応セシメツツ急速之ヲ実施ニ移スモノトス
二､国民義勇隊ノ中央機構ハ特別ニ之ヲ設ケズ
三､国民義勇隊ノ組織及運用ニ当ツテハ国民ノ盛リ上ル熱意ヲ原動力トスルト共ニ統率ノ妙ヲ発揮シ国民ノ闘魂ヲ振起セシムル如ク地方ノ実情ニ即シ格段ノ配意ヲ致スモノトス
四､国民義勇隊ノ組織成ルト同時ニ大政翼賛会､翼賛壮年団ヲ解体スルモノトス

国民義勇隊協議会ニ関スル件
昭和20年4月27日　閣議決定[88)]

一､内閣ニ国民義勇隊協議会ヲ置キ国民義勇隊ノ運営ニ関スル基本事項ヲ協議ス
二､協議会ノ座長ハ内務大臣之ニ当ル
協議会員ハ関係官及各界ノ国民運動ニ関シ見識アル者ヨリ凡ソ二十名ヲ選任シ内閣総理大臣之ヲ委嘱ス
三､関係大臣ハ本協議会ニ出席スルコトヲ得

国民義勇隊ノ組織運営指導ニ関スル件
昭和20年4月27日　閣議決定[89)]

国民義勇隊ノ組織運営指導ニ関シテハ従前ノ閣議決定ニ依ルト共ニ特ニ左ノ諸点ニ留意スルモノトス

一､国民義勇隊ノ組織運営ニ当リテハ国民ノ盛リ上ル熱意ヲ原動力トシ民意ノ発動トシテ組織タラシメ其ノ民意ノ発動トシテノ活動タラシムル様指導育成スルヲ主眼トスルモノトス

88) http://rnavi.ndl.go.jp/politics/entry/bib00624.php
89) http://rnavi.ndl.go.jp/politics/entry/bib00623.php

二、国民義勇隊ハ隊員ヲシテ各其ノ職任ヲ完遂セシメツヽ夫々ノ郷土ヲ核心トシ生産防衛ノ一体的強化ニ任ズルモノトシ特ニ当面ノ任務ハ飽ク迄モ軍需、食糧ノ増産等戦力ノ充実ニ邁進スルコトヲ重視ス
状勢急迫シ戦闘隊ニ転移シタル後ニ於テハ主トシテ作戦ノ要望スル生産、輸送、築城、防空復旧、救護等兵站的業務ニ服スルヲ主眼トシ状況ニ依リ戦闘任務ニ服シ以テ郷土自衛ヲ完了スルモノトス
国民義勇隊ノ出動訓練等ノ運営ハ右ノ趣旨ニ従ヒ実施スルモノトス

三、国民義勇隊ノ地域組織ニ当リテハ既存ノ職能組織ノ機能又ハ特質ヲ国民義勇隊ノ目的達成ノタメ最高度ニ発揮セシムル如ク市町村ノ基盤組織ニ付地方ノ実情ニ応ジ特別ノ措置ヲ講ズルモノトス

四、国民義勇隊ノ組織、編成等ニ関シテハ予メ其ノ戦闘隊転移ノ場合ノ事情ヲ篤ト考慮ニ入レ関係機関ト密ニ連繋シテ措置スルコトヽシ特ニ左ノ点ニ留意スルモノトス
(一)国民義勇隊ノ指揮者、其ノ他ノ幹部ハ当該国民義勇隊ヲ戦闘隊ニ転移シタル場合原則トシテ其ノ儘戦闘隊ノ指揮者其ノ他ノ幹部トナルベキモノニ付之ガ選任ニ当ツテハ真ニ先頭ニ立ツテ隊員ヲ率ヰ之ヲシテ倶ニ欣然死地ニ就カシメ得ル輿望ト統率力アル人物ヲ起用スルコト
(二)右ノ場合地位、身分、職業、年齢ノ如何ニ拘ラズ広ク各方面ニ人材ヲ求メ起用スルコトトシ尚在郷軍人ヨリ選任スル場合其ノ地位ハ必ズシモ軍人トシテノ階級ニ拘ラザルコト
(三)国民義勇隊ニハ通常副隊長ヲ置キ適格者ヲ之ニ起用シ必要ニ応ジ隊長ニ代リテ隊ノ指揮ニ当ラシムルコト
指揮者其ノ他ノ幹部タルモノニ付テハ兵農工一体ノ趣旨ニ依ル教育訓練ノ方途ヲ講ズルモノトス

五、戦闘隊転移上ノ要請ニ応ジ町村隊ヲ原則トシテ郡ノ区域ニ依リ軍連合隊ヲ組織スルモノトス
町村内ノ職域隊ニシテ町村隊ニ所属セシメ難キモノハ之ヲ郡連合隊ニ所属セシムルコトアルモノトス

郡連合隊長ハ町村義勇隊ヲ統率スルニ足ル適格者ヲ本部長ニ於テ委嘱スルモノトス 備考 甲種少年農兵隊及学徒隊ニ付テハ別途攻究ス
国民義勇隊ノ組織ニ伴ヒ大政翼賛会､翼賛壮年団及大政翼賛会ノ所属団体ノ措置ニ関スル件 昭和20年5月8日　閣議了解[90)] 国民義勇隊ノ組織ニ伴ヒ大政翼賛会､翼賛壮年団及大政翼賛会ノ所属団体ニ関シテハ左記措置ヲ執ルモノトス 一､大政翼賛会及翼賛壮年団ニ付テハ大体ノ時期ヲ内示(概ネ五月末日ヲ目途トス)シ解散ノ手続ヲ執ラシム 二､大政翼賛会及翼賛壮年団ニ対シテハ昭和二十年四月二日閣議決定｢国民義勇隊ノ組織ニ関スル件｣第二項ノ趣旨ニ基キ国民義勇隊ノ組織二関シ其ノ機能ヲ挙ゲテ協力スベキ旨ヲ通達ス 三､大政翼賛会所属団体ニ付テハ国民義勇隊ト一体化スルヲ目途トシ事情ノ許ス限リ成ル可ク速ニ解体統合スル様指導シ大日本婦人会､大日本青少年団､大日本商業報国会及農業報国会ニ付テハ概ネ大政翼賛会ト同時ニ解散手続ヲ執ル如ク指導シ其ノ他ノ所属団体ノ解体統合ノ時期方法等ニ付テハ別途措置スルモノトス 四､各団体解散ニ当リテハ職員ノ退職手当其ノ他解散ニ要スル経費ニ付必要ナル国庫支出ヲ予定ス 備考 大政翼賛会ノ所属団体ノ解体ニ伴フ之等団体ノ事業及資産ノ整理並国民義勇隊ト既存各種団体トノ事業調整ニ付テハ別途処理スルモノトス
国民義勇隊ノ解散ニ関スル件 昭和20年8月21日　閣議決定[91)] 国民義勇隊ハ現下ノ実情ニ鑑ミ之ヲ解散スルコトニ致度

90) http://rnavi.ndl.go.jp/politics/entry/bib00627.php
91) http://rnavi.ndl.go.jp/politics/entry/bib00642.php